仕事と人生を楽しむために必要なこと

チェンジメーカー21人に学ぶ
「幸福な働き方」

梶山寿子

PHP研究所

はじめに

「幸せな働き方」とは

あなたはいまの仕事で幸せですか。

あなたは何のために働くのですか。

あなたを幸せにする仕事とは、どんなものだと思いますか。


こうした問いが、いま妙に心にひっかかったというあなた。

あなたは仕事について、悩みや迷いがあるのかもしれない。


じつは私自身がそうなのだ。大学時代のアルバイトから数えて、もう四半世紀も悩み続けてきたことになる。

幸せな働き方とは何か。

その答えを見つけたくて、たくさんの人に話をきいた。

人に会って取材をする。それが私の仕事なので、言うなれば一石二鳥である。その都度、新たな気づきをもらったし、自分を省みる機会も得た。生まれた国を出て働いたり、会社を変えてみたりした。知識も経験も、そして年齢も重ねたが、いまだに答えは出ていない。

「いまの仕事で幸せですか?」とマジメに問われると、大いに戸惑ってしまう。本屋で『このつまらない仕事を辞めたら、僕の人生は変わるのだろうか』という、恐ろしく長いタイトルの本を見かけると、ドキリとして、手に取らずにはいられない。そしてその分厚い翻訳本を読んでも、結局、答えは見つけられないのである。

「四十にして惑わず」なぁんて立派な心境には至らず、いまだに惑い、もがき苦しんでいる。目の前の仕事をコツコツこなすことで、なんとか生き延びてきたものの、向かい風にひるんだり、八方塞《ふさ》がりな状況に絶望したり……。

自分が納得できる働き方に少しでも近づこうと、いまも七転八倒している。

簡単には見つからない答えを探しているうちに、世の中は大きく動きはじめた。

バブル崩壊。失われた十五年。そしてリーマン・ショック後の世界同時不況をきっかけに、人々の価値観が変容しはじめたのである。

これまで先進国を席捲していたのは、右肩上がりの経済成長をめざすアメリカ型の資本主義である。その行き着いた先が、サブプライム・ローン問題を引き起こした〝強欲なマネー資本主義〟といえるだろう。

悪夢から目覚めたあと、胸をよぎるのは虚しさばかり。

かつて私たちは、お金や物質的な豊かさを得るために働いていた。しかし、幸福や豊かさの象徴だったはずのお金も、もはや私たちの心を満たしてはくれない。

明日の保障が得られない社会。さざなみのように広がる不安。顕在化する社会格差。増えるうつ病患者や、年間三万人を数える自殺者。

「自分は何のために働いているのか？」という疑問が、小さな棘《とげ》のように突き刺さる。

GDPが伸びても、便利な家電製品が自由に買えても、もう私たちは幸せになれない。

「では、幸福とは何か？」。立ち止まって自問する人が目立ちはじめたのだ。

脱・経済成長。脱・消費。脱・所有。

大きな価値観の変革が起こりつつあるいま、私たちの仕事観や人生観も変わりつつある。

やりがいのある世の中のためになる仕事をして、幸せになりたい。

そんな働き方への共感が、若い世代を中心に静かに広がりつつあると感じる。

〇九年一月の内閣府の調査でも、「社会のために役立ちたい」と答えた人の割合は全体の約七割に達している。また「自分の職業を通して、社会に役立ちたい」人の割合も四年前から増え続けており、〇九年では二八％に達している。(内閣府「社会意識に関する世論調査・社会への貢献意識」より)

二一世紀、脱・成長時代のライフモデルは、お金を儲けるために働くのではなく、「仕事を通じて幸せになる」ために働くことではないか。

そんな生き方、働き方を実践する先達を訪ねながら、「あなたを幸せにする仕事」について考えていきたい。特に数年前から雑誌『プレジデント』や『ガバナンス』の仕事で取材を重ねてきた、社会起業家といわれる人々の働き方に多くのページを割いた。

私が出会った「幸せな働き方の物語」。そのなかから、あなたなりの「働くことの幸福論」のヒントを見つけてもらえたら、私にとって無上の幸いである。

——なぜならば、それが私の仕事だから。

仕事と人生を楽しむために必要なこと

目次

第2章 「これが自分のやるべきこと」だと信じて

第3章 目の前のことに熱中する

「時代遅れ」が最先端に

第4章

新しい時代の「幸せな働き方」を見つける

第5章 社会起業家という生き方

第6章 組織に留まるチェンジメーカー

装幀　廣田清子＋office SunRa

第1章

愛のある働き方、愛のある人生

1 「仕事をたのしむ」ということ

人生の六割は仕事

月曜日。また一週間がはじまる。

うるさい上司の小言。傲慢で気難しいクライアント。目前に迫った案件のデッドライン。そんなあれこれを考えているうちに、気分がどんどん沈んでいく。できればこのまま会社を休んでしまいたい……。

カーペンターズの古い歌にあるように、「雨の日と月曜日は、いつも私を憂鬱にさせる」ものの。そんなふうに感じている人も少なくないだろう。

だが、それはじつにもったいない。

私たちは人生の多くの時間を「働くこと」に費やしているのだ。ざっくり計算して、なんと一年のうち、およそ四〇〇〇時間を仕事のために使っていることになるらしい。四〇〇〇時間という具体的な数字に何やら圧倒される。

それを教えてくれたのは、ある外資系大企業の社長である。

「一日は二四時間で一年は八七六〇時間。これは万人に与えられた平等な時間ですが、それをいかに上手に使うかは自分次第だということを、意識したほうがいいですよ」

超多忙な彼が言うのだから、説得力は抜群である。


計算してみてほしい。一日に七時間眠るとして、一年で二五五五時間。差し引き六二〇五時間が起きて生活している時間である。つまり私たちは、日中のほとんどの時間、起きている時間の六割以上を「働くこと」に使っているのだ。家に持ち帰った仕事、休日のつきあいなども含めると、その時間はますます増えていく。

限りある人生。それだけの時間を割くのだから、どうせなら、たのしく働いたほうがいいに決まっている。


――ちょっと待った。仕事とはお金を稼ぐためのもの。生活のために働くのだから、たのしいはずがないじゃないか。

そう呆れ顔で反論する人もいるだろう。この不況下に、そんな夢みたいなこと言うのはどうかしているよ、と。

確かに英語で仕事や労働を表す「labor」という単語には、「苦役」「骨折り」という意味合いがある。「labor camp」は「強制労働収容所」の意だから、「labor」の持つニュアンスも推して知るべし。ひたすら受身で、生活のために与えられた仕事を黙々とこなす。そんな感じだろうか。

人生の六割以上が「苦役」だなんて、考えただけで暗くなってしまう。

だが先進国において与えられた仕事を従順にこなす人が重宝されたのは、二〇世紀までの話。経済のグローバル化が進み、製造業の現場は新興国に移っている。事務職のルーチン・ワークも、賃金の安いアジアや東欧にアウトソーシングされるか、コンピューターに代替されつつある。

つまり、誰でもできるような仕事なら、それによって得られる金銭的な報酬は目減りする一方だということ。

これからは、言われたことを正確にこなす勤勉さではなく、「無から有を生み出す」ような創造性を発揮しなければ、価値ある〝人財〟にはなれない。なぜならば、ビジネスでも行政でも、これまで以上にイノベーションが必要とされているからだ。

「生活のために、嫌々ながら働く」といった受身の態度では、誰も思いつかないような革新的なアイディアを生み出すことは難しい。厳しい時代だからこそ、「苦役」といった捉え方を超えた、ポジティブな働き方をしなければいけないのだ。

仕事に没頭できる人は最強である

では、どうすれば独創的なアイディアや問題解決能力を持つ人材になれるのか。

それを知りたくて、日本のコンテンツ産業を支える敏腕プロデューサーたちに取材をしたことがある。詳細は、拙著『トップ・プロデューサーの仕事術』に譲るが、たどり着いたのはこんな結論だ。

自分の仕事に夢中になり、それに没頭している人は強い！

要は自分自身の心の持ちよう。小手先のスキルに目を奪われる前に、まず日々の仕事に生きがいや意義を見出すこと。自発的に働き、働くこと自体をたのしむこと。そうすれば思わぬ力が出ると気づいたのである。

やはり「たのしく働くこと」は、思いのほか重要なのだ。

ここでひとつの疑問がわく。

ほんとうに仕事とは、苦しいことばかりなのか。

たとえば、ピカソは「仕事こそが人生最大の誘惑だ」と語ったという。どんな遊びや快楽より、仕事がいちばんたのしいということ。仕事が人生そのものであり、働くことがよろこびだったのだ。

ピカソのような天才芸術家に限らず、ビジネスの世界でも成功者といわれるような人は、みな似たようなことを語っている。つまり、仕事がおもしろくて、おもしろくて仕方がない！　ということ。「趣味は仕事だ」と真顔で語る人も珍しくない。

つらいこともある。投げ出したくなることもある。

だが、私が取材したプロデューサーたちのように、時間を忘れて仕事に没頭できたとき、何ともいえない充実感を感じるという人は少なくないはずだ。その仕事に、自分なりの意味や社会的な意義を見出すことができれば、苦しみを乗り越える力もわいてくる。思いがけず感謝されたときのよろこびが、かけがえのない〝報酬〟になる。

振り返って考えてみてほしい。

これまでのあなたの人生にも、そんな瞬間がなかっただろうか、と。

「生活のためにやる」という後ろ向きの考えを捨てて、積極的に「仕事をたのしむ」。そんな働き方をするためには、どんな努力や創意工夫が必要なのか。

それを探っていくのが本書のテーマである。

よき仕事とよき人生は不可分

「仕事をたのしむ」ということは、ラクをして稼ぐ、手抜きをする、といった意味とはまるでちがう。

夢中になれる。わくわくする。感動する。生きがいを感じる。誰かの役に立っていると実感できる……。

自分の内側から湧きあがる情熱がモチベーションとなり、仕事にやりがいや働きがいを感じること。だから、周囲の評価や社会的な地位、金銭的な報酬といった外的な要因には左右されない。

言うなれば「仕事を通じて、感動や幸せを感じる」働き方のこと。

それは、どんな職業にも共通する哲学のようなものではないだろうか。

自分の仕事について悩み続けてきた私だが、ひとつわかったことがある。

――このつまらない仕事を辞めたら、私は幸せになれるのだろうか。

その問いに対する答えは「なれない」である。

「たのしい仕事」だから、仕事がおもしろいのではない。
問題なのは仕事の中身そのものではなく、自分の働き方だからだ。

仕事がたのしくなれば、人生も豊かになることは自明の理。

「その人の顔を見れば、人生がわかる」というが、仕事も同じこと。
「その人の働き方、仕事に対する態度を見れば、人生がわかる」
よき人生は、よき仕事を抜きに語れないのだ。

近年よく言われる「ワークライフ・バランス」とは、「ワーク」と「ライフ」、つまり仕事と私生活を上手にバランスさせることを指すが、これからはピカソのように「ワーク」と「ライフ」が一体化した生き方がひとつの理想になるのではないか。

全身全霊で打ち込むことで、自分と仕事がひとつになる。
仕事のたのしさ、やりがいが人生に感動をもたらし、生きることのモチベーションになる――「ライフ」と「ワーク」にそんな好循環が生まれてこそ、二十一世紀に必要とされるクリエイティビティが花開くのであろう。

組織にいながら、自分を貫く

「ワーク」と「ライフ」が一体化した生き方というと、どんな職業を思い浮かべるだろう。経済成長至上主義の価値観にどっぷりつかった人は、世を捨てたような晴耕雨読の生活を想像するかもしれない。仕事をコントロールしやすい自営業や、ベンチャー起業家をイメージする人もいるだろう。

だが、組織に属していても、自分と仕事がひとつになる幸せな生き方はできる。

その方法のひとつが、本来の職務から大きく逸脱しない範囲で、自分の興味のある分野、やるべき意義があると信じる方向へと、自分の仕事をシフトさせることである。

新規事業や社内ベンチャーを提案するのもいい。そこに自分なりの「働く意義」を見つけられれば、やる気もさらに湧いてくるはずだ。

もちろんリスクはある。必ずしも周囲の理解が得られるとは限らないし、華々しい出世の道もおそらくは期待できない。だが、あなたにとって「何が幸せなのか」を考えたとき、選ぶ道ははっきりしてくるのではないだろうか。

自問してみてほしい。

あなたの人生にとって、ほんとうに重要なのは出世することですか。

社内的な権力争いに巻き込まれるのは、あなたの本望ですか。

それよりも、起きている時間の六割以上を占める仕事を、わくわくとした、やりがいのあるものにしたいと思いませんか。

いま働く人が真に求めるのは、高額な報酬でも立派な肩書きでもなく、やりがいのある仕事、成長できる可能性、誰かのために役立っている実感ではないだろうか。


ひょっとすると、これからは〝上昇志向〟の意味も変わるかもしれない。

社会的、あるいは社内的な「地位をあげる」ことに躍起になるのではなく、「働きがいを高める」ことに情熱を注ぐ。そんな〝上昇志向〟なら周囲と競う必要もない。

また、〝成功〟の意味も変わっていくだろう。

富や名声、権力をつかむことは、もはや真の成功を意味しない。

仕事を通じて感動や幸せを感じ、気持ちのいい毎日を送ること。

「自分らしくあること」を貫くこと。

自分の人生に対する満足感も、成功のひとつの形だと考えられるのではないだろうか。

社会の価値観が大きく変わろうとしている昨今。

不安な時代だからこそ、「寄らば大樹の陰」という心情も理解できる。

だが、必要以上に組織にしがみつくのではなく、組織のなかでうまく折り合いをつけながら、自分の道を探す方法もきっとあるにちがいない。


そんな生き方を貫いている人を、まず最初に紹介しよう。

一見すると、おっとりとした控えめな女性。東京・丸の内のオフィスあたりを闊歩《かっぽ》する、押しの強いキャリアウーマンとはまったくちがう。

が、その瞳の奥には、何事にも動じない芯の強さが窺《うかが》える。

生命を守りたい。世の中の役に立ちたい。

そんな純粋な思いや使命感に突き動かされて、寝る間も惜しんで働いている。

信じたことをやり遂げるまで「決してあきらめない」という執念も。

「私欲のない思いは通じるんですよ」

そう話した姿が、強く印象に残っている。

仕事や人生について思いを馳せるとき、どうしても彼女のことが頭に浮かぶのだ。

2 「コウノトリ育む農法」を広め、命を守る

理解されない問題意識

世は「エコ・ブーム」である。

「ロハス（LOHAS）」「サスティナブル（持続可能性）」なんて、ちょっと前までは誰も知らなかったような単語が、あたりまえのように使われている。

エコに関連したビジネスをしたい。自然環境保護にかかわる仕事をしたい。オーガニック野菜を栽培する農家になりたい。そんな夢を語る人も増えている。

改めて言うまでもなく、環境問題を考えることはとても重要である。気候変動や環境汚染、資源の枯渇など、さまざまな問題を知れば知るほど、私たちが直面する問題の深さ、複雑さに言葉を失う。「ブーム」なんて軽い言葉で語ってはいけない重みをひしひしと感じる。

なのに、ついこの間まで私たちは、この地球の危機に対していかに無知であったことか。生活の便利さなど、自分たちの都合を優先して自然環境を破壊したり、資源を無駄遣いしていることを、ほとんど気にかけていなかったように思う。

もちろん、早くから気づいていた人はいた。

そのひとりが、西村いつきさん（兵庫県職員）である。

私が西村さんに会ったとき、彼女は「コウノトリの郷」として知られる兵庫県豊岡市の豊岡農業改良普及センターで「コウノトリとの共生をめざした農業」の推進に取り組んでいた。

豊岡市は、環境破壊によって絶滅の危機に瀕したコウノトリの最後の生息地である。野生のコウノトリは七一年に姿を消したが、県は人工飼育や繁殖に取り組んできた。〇五年秋からは飼育した鳥を野生復帰させる「放鳥」もはじまり、放たれた鳥からヒナも誕生している。

野生のコウノトリが絶滅に追い込まれたのは、農薬の大量使用で、コウノトリが食べていたドジョウやフナ、カエルなどの生きものが田んぼから消えたことと、生物濃縮を経て、コウノトリの体内に有害物質が蓄積されたことが理由である。

同じ過ちを繰り返さないためには、農薬や化学肥料の使用を減らし、餌場となる水田に生きものを取り戻す必要がある。

——「コウノトリの郷」を謳うのなら、それは当然の取り組みだ。そうしなければ、せっかく育てたコウノトリが死んでしまう。コウノトリが安全に棲める環境をつくるのは当然のことであり、有機農法は人間の健康にとっても望ましい。

いまなら誰もが理解できる理屈だし、共感も呼ぶだろう。

だが、〇二年当時の豊岡では、環境保全に対する意識も、有機農法に対する理解もそれほど広がっていなかった。

「コウノトリのために、農家が犠牲を強いられるのか！」

農家の人たちから反対の声があがり、西村さんは窮地に立たされる。それでもあきらめずに、「コウノトリとの共生」をめざして、辛抱強く周囲を説得し続けるのだ。

東京のスーパーにも「コウノトリ米」が

時は巡り、人々の意識も変わった。

最近は、ときどき東京のスーパーでも「コウノトリの贈り物・コウノトリ育むお米」を見かける。以前は農家にそっぽを向かれていた西村さんの「コウノトリ育む農法」が広がり、ブランド米として定着。関東にまでマーケットを広げているのだ。

先日も近所のスーパーで「朱鷺《とき》と暮らす郷」ブランドのお米と、「コウノトリ育むお米」が並んで売られているのを発見した。

どちらも「コウノトリ／朱鷺との共生」をめざして減農薬・化学肥料で栽培されたコシヒカリだが、地の利のせいだろうか、新潟産の「朱鷺」のほうがよく売れている。なんだか悔しい。見過ごすわけにいかないと、「コウノトリ育むお米」を抱えてレジに並んだ。

お米の袋には、こう書かれている。

　コウノトリの餌となる生きものが生息できる田んぼでつくられました。
　人と自然にやさしいお米です。

このお米を食べるたびに、西村さんのことを思い出す。

私が豊岡を訪れたあの冬の寒い午後。西村さんに連れられて田んぼに行くと、薄墨をひいたような空に、野生復帰したコウノトリが雄大に舞っていた。翼を広げると約二メートルもあるという。想像していたより、ずっと大きい。

「幸運ですね。この時間帯に見られるのは、すごく珍しいんですよ」

そう言われて気をよくしたものだ。

「コウノトリ育む農法」で特徴的なのが、冬期湛田《たんでん》である。冬の間、田んぼに水をはっておくと、イトミミズやプランクトンなどが増え、土壌が豊かになる。また、除草には農薬ではなく米糠《こめぬか》や糖蜜を使うため、カエルやドジョウなどの生きものが育つのである。

豊岡のすべての田んぼが「コウノトリ育む農法」を実践しているわけではない。だが、生きものたちはちゃんとわかっているのだろう。

湛田で仲良く餌をついばむ二羽の「幸せを運ぶ鳥」。

それを見守りながら、西村さんはうれしそうにつぶやいた。

「コウノトリは、不思議と私たちの田んぼに降りてきてくれるんです」

「勲章をあげてくれよ」

本書のテーマは「仕事を通じて、感動や幸せを感じる働き方」を探ることである。

私の取材に対して、西村さんは「仕事がたのしい」「この仕事に生きがいを感じています」といった言葉を一切口にしなかった。

だが、それは言わずもがな。

軽々しく言葉にしない分、いっそう心に響いてきたのである。

忘れられないエピソードがある。

豊岡の取材では、この農法を実践する農家の人にも話をきいた。

照れくさいのか、最初はつっけんどんな態度だったおじさんが、帰り際、真剣な表情でこうつぶやいたのだ。

「人のためにここまでやる人は見たことがない。何事にも一所懸命。あんまり人をほめない俺がほめるんやから、たいしたもんや。この人にだけは勝てないよ。頼むから、この人に勲章をあげてくれよ」

西村さんの取り組みを快く思っていなかった人たちが、この農法が世間で評判になるや、すべてが自分の手柄であるかのように言い立てている。それが我慢ならないのだと、力を込めるのだ。

朴訥《ぼくとつ》な言い方だっただけに、余計にじんときた。

西村さんはただ黙って、その言葉を受け止めていた。そっと、噛み締めるように。

「勲章をあげてくれよ」と二度も念押しされたけれど、もちろん私にそんな権限はない。こうやって紹介するのが精一杯である。

だが、そのおじさんの言葉こそ、勲章にも匹敵する最上級の栄誉、何物にも代えがたい〝仕事の報酬〟ではないだろうか。

「働く幸せ」がここにもある。そんな思いに私の胸も熱くなったのである。

普及指導員の仕事とは

「がんばっている公務員をシリーズで取りあげませんか？　孤軍奮闘する人を紹介することで、事なかれ主義の現状に問題意識を持っている人を勇気づけたいんです」

地方自治体職員向けの雑誌の編集部からそう提案されたとき、正直なところ、それほど興味が湧いたわけではなかった。だが、熱心な説得に負け、私はその連載を引き受けた。

この企画を通じて西村さんと出会い、普及指導員という仕事があることを知った。

西村さんの考える普及指導員の使命とは「人類の命の源である食料を安定供給するため、その生産を担う農業者を育成支援すること」だという。具体的には、農家の経営指導や技術指導などを指す。

こだわっているのは、「環境に負荷を与えない方法で、安心安全な食料を生産するための支援」。わかりやすく言えば、有機農家に対する技術面、経営面でのサポートである。そこから派生して、「それを消費者に理解してもらい、買い支えてもらうこと」も支援したいと考えている。

たとえば、以前、赴任していた八鹿では、当時としては珍しい完全有機野菜に取り組み、経営がどん底にあった「おおや高原野菜」の産地を見事に再生させたという。

「農産物には生産者の人柄が出る。『この人のつくったものを買おう』と思ってもらえる産地にするしか、経営再建の道はない」

そう考えた西村さんは、産地見学や農作業体験、試食宣伝販売などを実施して、生産者と消費者の交流を演出。それを通じて、「安全な野菜を食べてもらいたい」という生産者の使命感を引き出した。また「農作業は夫婦でやるものだから」と、従来は男性中心だった勉強会に女性の参加を促し、成果をあげたのだ。

こうした努力が実り、「おおや高原野菜」の有機野菜は消費者に支持されてゆく。その復活劇が評価され、朝日農業賞、天皇杯などを受賞したのである。

農業は人の命を支える仕事

ところで、彼女はなぜ環境に負荷を与えない農法にこだわるのだろう。

その答えは、生い立ちを知れば明らかだ。

豊岡市の農家で生まれた西村さんは、祖父や父親が苦労する姿を見て育った。

祖父は農業の傍ら玄米菜食を提唱し、頼まれれば、八ミリテープや圧力釜を持参して講演会も行っていたという。いまでこそマクロビオティックなどと呼ばれ人気を集めているが、四〇年前にはほとんど認知されていない考え方である。「米の糠部分に農薬が残留する」と、当時から農薬に警鐘を鳴らす祖父は、変わり者だと思われていたのだ。

父親も祖父と同じ思想で農薬を使わない米づくりを行い、消費者グループに直販する取り組みを早くから実施していた。

お弁当給食に玄米を持って行き、「おまえの弁当はいつも黒い」と、学校でいじめられたという西村さん。だが、彼女は祖父や父親の背中を追いかける。

「父は、一日に一冊は本を読むような読書家で、環境問題に関する本など、『これは』と思った本は、私にも読むよう薦めてくれた。この仕事をするときに役立っているのは、習った知識ではなく、父からもらった本や両親の生き方ですね」

もうひとつの原点は、小学校四年生のときに見た「輸入食料ゼロの日」というテレビ番組である。「食料輸入がストップすると、国民の四人に一人が餓死する」とのシミュレーション結果に強い衝撃を受けたという。

農業は国の根幹を支える重要な職業だと気づき、専業農家である祖父と両親を尊敬する気持ちもさらに高まった。

「農業は人の命を支える仕事。その手助けがしたい」と決意し、兵庫県の普及指導員として働きはじめるのである。

普及指導員になってからは、真摯《しんし》に仕事に取り組んだ。深夜残業、土日勤務はあたり前。結婚をして、三人の子どもを産んでも、そのペースは変わらず、「『うちは父子家庭だ』と夫に言われます」と苦笑いする。

日本の食料自給率（カロリーベース）は約四〇%。先進国のなかでも最低の水準だ。「このままだと、私たちの世代はなんとかなっても、子どもたちの世代に大きな不安がある」。そんな危機感が、母親でもある西村さんを駆り立てるのだ。

悪者役をわざと引き受ける

がむしゃらにがんばる背景には、「女は男の三倍働いて一人前だ」と言われ続けた悔しさもある。

「仕事を続けるかどうか、悩んだ時期もありました。でも、女性にしかできない仕事もありますからね」

ただし熱心さのあまり、普及指導員として前例のないことに挑み、逆風を受けることもしばしば。窮地に追い込まれたこともある。

それでも信念は曲げない。

「『なぜ、しんどい道ばかり選ぶの?』と人に言われますが、自分ではそういう意識はなくて……。少しでも農家の人たちのプラスになれば、と思って、やっているだけ。私に対する批判もありますが、普及指導員は数年で転勤する。なので、わざと悪者役を引き受けることもあるんですよ」と笑う。


根底にあるのは、農業生産者に対する心からの尊敬だ。

「経営能力、リーダーシップ、知力、体力――あらゆる能力が備わっていなければ農業はできない。だから、そのお手伝いができれば、と。自分の利益ではなく、県民の将来や、子どもたちのためという、純粋な立場で仕事ができるのが公務員。この世に生を受けた以上は、人の役に立つことがしたい。針のムシロのような状態になることもありますが、くよくよしても仕方がない。それよりも、いまできることをしっかりやっていきたいと思っているんです」

西村さんのように「純粋な立場で」仕事をしている公務員が、どれだけいるかは定かでない。「そんなきれいごとじゃないだろう……」と、つい思ってしまうのが正直なところだが、彼女の思いに曇りはない。

この世に生まれた以上は、人の役に立つことがしたい。

その志があるから、逆風を受けてもしっかりと立っていられるし、「うまくいかないこと」を誰かのせいにすることもない。すべて自分で引き受けて、凜としているのである。

理解されないコウノトリとの共生

豊岡に赴任してからは、先に紹介した「コウノトリと共生する地域づくり」に心血を注いだ。

豊岡市は、野生のコウノトリの最後の生息地として知られる。六〇年代から兵庫県は人工飼育や繁殖に取り組み、八九年、繁殖に成功。〇二年には、その数が一〇〇羽にまで増え、〇五年秋からは鳥を野生に返す「放鳥」もはじまった。その様子をニュース報道で見たという人も多いだろう。

兵庫県はこの野生復帰に向け、〇二年に組織横断型のプロジェクトチームをつくり、対策を進めてきた。西村さんは「農業改良普及センター」の普及指導員として、このチームに加わったのである。

放鳥の予定は決められている。だが、地域の受け入れ態勢は未整備で、コウノトリが安心して棲める環境は整っていなかったという。

何より、住民に環境に対する意識が十分広がっていない。そんななか、コウノトリとの共生をめざした「環境創造型農業」を推進しようとしても無理がある。

案の定、地域の農家からは、強い反発と戸惑いの声があがったという。

ある農家の人は、当時の心境をこう語る。

「コウノトリが戻っても、ワシらの生活がラクになるわけじゃない。最初は西村さんが何をやろうとしているのか、さっぱりわからんかった」

だが、西村さんはあきらめない。

コウノトリの絶滅要因が農薬にあったことを地域の人があまり理解していないと知るや、「コウノトリと共生する農業の意義と必要性」を説いて回った。

コウノトリが自らを犠牲にして、私たちに訴えたことは何か――農薬がコウノトリに害を及ぼしたのなら、人間にも無害であるはずがない。コウノトリにとって棲みやすい環境は、私たち人間にとっても安心・安全なものになるはず。子々孫々まで健康に暮らすためには、環境と食生活を見直す必要がある。そのチャンスをコウノトリが与えてくれたのだ、と訴えたのだ。

努力の結果、少しずつ風向きが変わりはじめる。

「コウノトリのために税金を使うなんて、行政はいったい何をしているのか、と思っていたが、見当違いだった」

「自分たちの健康を取り戻すための野生復帰だということが理解できた」

話を聞いた人から、うれしい反応が返ってきたのである。

息子と草取りに汗を流す

また、コウノトリと共生するための稲作技術の開発と普及にも熱を入れる。

こちらが彼女の本職といえるが、道程は平坦ではなかったという。

水田はコウノトリの餌場なのだから、農薬や化学肥料を使わない米づくりをする必要がある。そんな西村さんの考えに同調する人がほとんどいなかったのだ。

チーム内でも、当初は行政として農薬や化学肥料を否定することに難色を示す意見が多かったのである。

野生復帰をサポートするためのプロジェクトなのに、なぜコウノトリの命を奪うような農薬や化学肥料を排除してはいけないのか。鳥にとって安全な環境が用意できなければ、元の木阿弥ではないのか。

そう思う人も多いだろう。裏にあったのはこんな事情だ。

「効果の高い農薬を上手に農家に使ってもらって、いかに生産性をあげるか。それが普及指導員の主な仕事だったんですよ。農薬や化学肥料を使わず、安心安全な農産物をつくるという考え方がなかなか理解されないのは仕方のないこと。面と向かって非難もされたし、陰口も随分聞きました。でも、理解ある上司が、『責任は僕が持つからがんばれ』と、背中を押してくれたんです」

こういうときは正論でぶつかってもムダだと、普通の人なら、涙をのんであきらめるところ。だが、西村さんはへこたれない。実証実験に協力してくれる農家を見つけ、餌となる生きものを育みながら安全なコメをつくる農法を模索するのだ。

技術が未確立の頃は、田んぼが雑草だらけになるという苦い経験もした。「それ見たことか！」との非難を浴びながら、西村さんは当時中学生だった長男を連れ、田んぼで草取りに励んだ。

自ら汗を流すその姿に、「役人らしからぬ、役人。こんな役人、他にはおらん」と、農家の人々も次第に心を動かされる。

徐々に協力してくれる農家も増え、環境に負荷のかからない稲作技術「コウノトリ育む農法」が確立するのである。

「天の時」が来た

早くからこの農法を実践する成田市雄さんは、彼女の熱心さに舌を巻く。

「コウノトリのために、この農法を勧めても無理。自分たちの生活がかかっているからね。『販路がなければつくる意味がない』と言うたら、西村さんは販路をつくってくれた。たいしたもんや。男でもここまでできん」

流通ルートの開拓は、普及指導員の本来の職域ではない。そのため周囲との摩擦も起きたが、あえて踏み込んだことが道を拓いた。

どんな逆風のなかでも、正しいと信じたことを、とことんやり抜く。その強さはどこから来るのか。

「妥協するのは簡単。でも私の給料分を農家で稼ごうとすれば、どれだけたいへんか。それが身にしみてわかっているから、いい加減なことはできないんです」と語る。

いまや同農法でつくられた米は生産が追いつかないほどの人気。東京都心のスーパーにも並ぶほど、ブランドが確立したのは前にも紹介したとおりだ。

〇四年には二ヘクタールに満たなかった栽培面積も、〇九年には三二〇ヘクタールに増えた。減農薬は通常の二〜三割高、無農薬なら倍の価格で売れるため、農家の収入増にもつながる。

「やってみたら、なかなかええ農法や。除草はたいへんやけど、そのあとのビールがうまい（笑）。農薬を使ったら米に悪いと言うけど、自分や家族にも農薬がかかる。そのほうがよっぽど身体に悪いからな」

そう言って、成田さんは豪快に笑うのだ。

確かに風向きは変わった。西村さんは、環境問題に対する人々の意識の変化を、孫子の兵法になぞらえて、「『天の時』が来た」と喜ぶ。

「天・地・人」の「地」は、鳥類の安住の地となる地理的条件を備えた豊岡の「地の利」、「人」は環境を守ろうとする地域住民の「人の和」である。

「『天の時、地の利、人の和』が揃わないと戦《いくさ》には勝てない。『安心して暮らせる地域をつくる』という大義があったから人が動いたのでしょう。私欲のない思いは通じるんですよ」

そんな西村さんの近況をお知らせしよう。「人の価値観の変容には何が必要かを学びたくて」、神戸大学大学院で教育学修士号を取得。現在は、兵庫県庁（農政環境部農林水産局農業改良課）勤務になり神戸に単身赴任しているという。兵庫県が〇九年春に策定した「兵庫県環境創造型農業推進計画」の旗振り役として、新規ポストである「環境創造型農業専門員」に任命されたとのこと。「コウノトリ育む農法」の現場からは離れてしまったが、自然との共生をめざす環境創造型農業を広げることは彼女の「天命」ともいえる分野。水を得た魚のごとく精力的に活躍している姿が眼に浮かぶようだ。

スペースシャトル・ディスカバリーで宇宙に行った女性宇宙飛行士、山崎直子さんではないが、子育てを夫に託して女性が単身赴任するというのも頼もしく、これまた新しい時代の「ワーク」と「ライフ」のあり方を提示してくれる好例ではないだろうか。

もうひとつ、うれしい知らせも飛び込んできた。〇九年二月に、関西経済連合会と関西経済同友会が選ぶ「輝く女性賞」を西村さんが受賞したというのだ。同じくノミネートされていたクルム伊達公子さんらを退けての受賞だとか。〝勲章〟とまではいかないが、彼女の功績が広く認められるきっかけになればと、願わずにはいられない。

3 ソーシャル・デザインという道に「愛」を見つける

デザインで奇跡を起こす

老子はこんな言葉を残したという。

——生きることの達人は、仕事と遊び、労働と余暇、心と身体、教育と娯楽、愛と宗教の区別をつけない。何をやるにしろ、その道で卓越していることをめざす。仕事か遊びかは、まわりが決めてくれる。当人にとっては、つねに仕事であり遊びでもあるのだ。

仕事と遊び、労働と余暇の区別をつけない、つまり「ワーク」と「ライフ」が融合してこそ、人生の醍醐味が味わえることを、賢人は知っていたのである。

「ワーク」と「ライフ」が一体化した「幸せな働き方」とは何か？

そんなことを考えながら本屋のなかを歩いていたとき、水谷孝次さんの著書『デザインが奇跡を起こす「思い」を「カタチ」にする仕事術』に出会った。

のちに水谷さんに会ったとき、「なぜ僕の本に目を留めてくれたのですか？」ときかれたが、それはズバリ「本が私を呼んでいると直感したから」。

幸せな偶然を引き寄せる、セレンディピティの力とでも言おうか。

「あなたが探している答えは、ここに書いてあるよ」と訴えんばかりに、輝いて見えたのである。

実際にこの本には「人生における幸せとは？」「幸せな働き方とは？」という問いに対する、水谷さんの熱いメッセージが詰まっていた。

というよりも、彼の半生そのものが、その答えを見つけるための〝旅〟だったのだ。

田中一光先生のゴミを教材に

五〇歳までの彼の半生は、典型的なサクセスストーリーといえる。

七〇年代にグラフィックデザイナーを志して、名古屋から上京。広告デザインの世界に飛び込んだ不器用な青年が、がむしゃらな努力と情熱で道を切り拓いていくさまは、右肩上がりの時代を象徴して小気味よい。

世界的なデザイナー、田中一光さんの事務所に押しかけて無理やり働かせてもらうなど、ときに強引な行動もとるが、ただの厚かましい若者だと断じるのは早計だ。

彼の凄みは、そのチャンスを逃すまいと執念ともいえる努力をすることにある。会社のゴミを持ち帰って分析することで、一流の仕事のやり方を学んだというくだりは圧巻。昼は事務所で働き、夜はデザイン学校へ。そして深夜、巨匠が捨てたゴミから、デザイナーとして必要なものを学ぶのである。

だが力不足は否めず、ほどなく田中さんの事務所をクビになり、他の会社へ移る。賞やポスター展に応募するも、落選また落選の日々。給料は月に七万円なのに、一〇〇万円もかけてポスターをつくって落選する、という絶望的な状況にもめげずに、挑戦を続けるのだ。


七七年、はじめての入賞。それを携えて、日本一のデザイン事務所、日本デザインセンターの扉を叩く。奇跡的に中途採用の試験に合格するも、当然ながら社内のレベルは高く、「一五〇人のデザイナーがいるなかで、まちがいなく一五〇番目のビリ社員だった」という。

配属されたのは、社内の誰もが嫌がるクセのある上司がいる部署。与えられた仕事をこなしながら、同社の社長でもあるグラフィックデザイナーの大御所、永井一正さんに認めてもらおうと、寝る間を惜しんで作品をつくり、社内コンペにも挑戦する。

やがて落ちこぼれ社員はクリエーターとしての才能を開花させ、名だたる賞を総なめにするアートディレクターに成長するのだ。


八三年、三一歳のとき、独立。大きな仕事を次々とものにしていく。

そして時代はバブルへ。

好景気の波に乗り、商業広告の分野で大きな成功をおさめる。

ある日、地下鉄の駅を歩いていると、貼ってあるポスターの八割が、自分が手がけたものだったこともあるという。まさに〝時代の寵児〟といえる活躍ぶりである。


仕事に没頭することで成果が出る。その成果が次のおもしろい仕事を呼び寄せる。おもしろいから、さらに没頭する、という好循環。

「情熱 × おもしろい仕事 = 人生の喜び」

そんな方程式が成り立っていたのである。

「若い頃は『あんなポスターをやりたい』と思ってもできなかった。やらせてもらえる人が、ほんとうにうらやましくて……。だから、そういう仕事が自分に巡ってきたときは、何をやってもおもしろかった。寝なくても、食べなくても平気。どうしてもやりたい！　と思ったことのためなら、まったく苦にならないんですよ。『なんでそこまで？』って自分でも思うけど、やっぱりたのしいんだね。当時はフーフー言っていたかもしれないけど、いま考えれば、たのしんでやっていたんです」

商業広告のあり方に失望

ワコール、パルコ、スウォッチの広告ポスター、「ウィダー・イン・ゼリー」のパッケージ・デザイン――。

業界関係者でもない限り、普通はアートディレクターの名前まで気にしない（というか、知る術がない）が、言われてみれば、記憶に残っている当時の広告の多くが水谷さんの手がけた作品である。

なかでもフランク・シナトラを起用した航空会社のキャンペーンは「あぁ、あれ！　覚えてる、覚えてる」という人も多いだろう。

八〇年代、九〇年代の広告業界では、巨額の予算が動いていた。このキャンペーンでも、ハリウッドでの撮影に一億円の経費をかけ、実質たった四五分間の撮影に二億数千万円のギャラを払ったというから驚く。

だが、このビッグ・プロジェクトが、水谷さんの人生を変えるきっかけとなる。

撮影の前夜祭と称したパーティーに一〇〇〇万円の費用をかけるというバカバカしさ。そのとき「日本人はピンクのタキシードを着て来い」というお達しが出たが、水谷さんはこれを拒否する。

ただでさえタキシードが似合わない日本人男性に、そんな派手なものを着せて、いったいどうしようというのだろう。いよいよ湾岸戦争がはじまる、というタイミングも最悪だ。当時ニューヨークに住んでいた私の皮膚感覚からすると（アメリカ人はバブルに酔った〝金持ち日本人〟に、あまりいい感情を持っていなかった）、滑稽としか言いようがない。

しかも、撮影当日のシナトラは、まったくやる気がなかったという。それでも、彼さえ写っていれば作品は成立する。

クリエイティブもへったくれもない、これが広告のつくり方か――。

水谷さんは失望する。

「こんなことのために、僕はいままでがんばってきたのだろうか」と。

三歳のときの決心

バブルの波に乗って大きな仕事を次々にこなした結果、富や名声も手に入れた。だが、しっくりこないものを感じていたのも事実だ。

「僕はお金の使い道もよくわからなかった。土地バブルの頃だし、普通なら不動産でも買うのでしょうが、きれいな家にも、クルマにも興味がない。だいたいクルマの運転もできないし……物欲がないんですよ（笑）。経理を任せていた人に騙されて、お金を取られちゃったこともありましたね」

心の奥底にあったのは、三歳のときから持ち続けていた〝ある思い〟である。

戦争で片方の耳の聴力を失った父親は心に闇を抱えていた。働いても働いてもラクにならない一家の暮らし。子ども心に「戦争のせいで、お父さんから笑顔が消えた。世の中が悪い」と感じていた。そして「大人になったら、世の中を変えてやる」と決心したのである。

「『三つ子の魂百まで』というか、そのとき抱いた使命感のようなものを、大人になっても持ち続けていたんです」

シナトラの一件は、がむしゃらに走り続けていた水谷さんに再考を促すきっかけとなった。

「僕の仕事は、社会の役に立っているのか？」

三歳のときの決意が胸に去来する。

デザインという山の頂上をめざしてがんばってきた。そこには何かがあるはずだと思っていたが、たどり着いたと思った場所に夢見たような幸せはない。

もっと「上」があるのか……そこに行けば望むものがあるのだろうか。

満たされない思いが、心の底に澱《おり》のようにたまっていく。


会議でアイディアを出すたびに、自分の何かを剝ぎ取られるような気分になり、身も心もぼろぼろに。一方で、通帳に刻まれる数字だけは大きくなっていく。

商業広告デザインに虚しさを覚え、大きな仕事は断るようになった。二〇人近くいた事務所のスタッフにも辞めてもらい、机ひとつで、再びゼロからのスタートを切ったのである。

ＭＥＲＲＹとの出会い

「デザインを通じて誰かを幸せにする仕事をしよう」

そう決意した水谷さんは、デザインで社会に平和や希望をもたらすソーシャル・デザインの道を志す。

九九年から取り組んでいるコミュニケーション・アート「MERRY PROJECT」はその象徴だ。世界中で撮影したとびきりの笑顔のパワーで人々をつなぎ、地球にMERRYの輪を広げる。

MERRYとは「メリー・クリスマス」のメリー。直訳すれば「陽気な、心躍るような」という意の形容詞だが、いろんな解釈ができる。水谷さんは「たのしいこと、幸せな時間、将来の夢」といった意味で使っているという。

「あなたにとってMERRYとは何ですか?」

そんなやりとりで相手をリラックスさせながら、とびきりの笑顔を写真におさめる。

パリ、モスクワ、カイロ、リオデジャネイロ、デリー、ベネチア、メキシコシティ、ブエノスアイレス……。世界二五ヵ国を回り、これまでに約三万人の笑顔を集めた。

「みんなをカワイくする仕事した〜い☆」(東京・原宿の女の子)

「幸せになるぞ!」(神戸の女の子)

「家族が元気で、子どものための肉や食べ物がたくさんあるとき」(マサイ族のおじいちゃん)

「生きていることが幸せ」「太陽とビーチ!」（スペイン・バルセロナ）
「子どもたちが良い教育を受けて、良い世の中をつくってくれること」（キューバのおじさん）

国や文化、生活状況がちがえば、返ってくる言葉は千差万別。だが、うれしい気持ちや、夢や希望を語るときの笑顔の輝きは万国共通だ。

フレームからはみ出さんばかりのカラフルな笑顔と、添えられた手書きのメッセージ。それを見た人が幸せな気分になり、また笑顔になる。笑顔が笑顔を生む、幸せのコミュニケーションである。

二〇〇〇年の「ラフォーレ・ミュージアム原宿」での展覧会をはじめ、〇五年の愛知万博「愛・地球博」の「ＭＥＲＲＹ ＥＸＰＯ」や、〇八年の北京オリンピック開会式など、国内外のさまざまなイベントで展開され、確かな反響を呼んだ。この活動のなかに、水谷さんは自分の存在意義を見出すのである。

こうした社会的な活動は、立ち上げるのは簡単だが継続するのは難しいといわれる。

このプロジェクトは一〇年間も続いている成功例といえるが、もちろん、すべてが順風満帆だったわけではない。経費も持ち出しが多く、プロジェクト自体は赤字。本業でなんとか活動費を捻出しているのが実情だという。

「なんとか一〇年まわしてきましたが、正直なところ、『もう限界かな……これ以上は続けられないかも』と弱気になった時期もありました。『笑顔をやったんだから、次は〝泣き顔〟や〝怒った顔〟をやってみれば？』とアドバイスしてくれる人もいましたが、それはちがうと思った。単なるアートとしてなら、そういう選択肢もあるかもしれない。でも僕は、笑顔を幸福の象徴として表現している。『笑顔のコミュニケーション』がコンセプトなんだから、それは終生通すべきだと思ったんです」

被災地にＭＥＲＲＹを

「笑顔のコミュニケーション」というコンセプトは同じでも、「ＭＥＲＲＹ　ＰＲＯＪＥＣＴ」を続けるうちに、その方向性は少し変わった。

当初は、原宿の若い女の子の笑顔を撮っていたが、もっと社会的な問題に目を転じるようになったのだ。

「女の子の笑顔が、あの頃の日本の元気だし、ファッションだった。でもファッションよりも、人間の幸福や人類の平和をテーマにしたいと思うようになったんです」

きっかけとなったのは、阪神・淡路大震災の復興記念行事のひとつとして行われた「Merry in KOBE 2001」である。

神戸ポートアイランドのひまわり畑で開かれた撮影会には、五〇〇人近い人が集まった。水谷さんのカメラが、復興へと歩む神戸っ子の生き生きとした笑顔をとらえる。九〇歳をすぎて震災を体験したおばあちゃんは、「一二〇〇歳まで生きる！」と自身のＭＥＲＲＹを元気に語ったという。

笑顔のポスターが神戸の街を飾り、人間の強さ、生命のたくましさを印象づける。

その過程で、水谷さんも確かな手応えを摑んだ。

「自分のなかの何かと共鳴したんです。『自分の仕事はこれかな？』って」

以来、深い絶望から立ち上がろうとする人々の力強い笑顔を追い続ける。

この場所をＭＥＲＲＹな空気で満たしたい。

そう願いながら、世界を駆け巡っているのだ。

「九・一一」の惨劇から一年後のニューヨークをはじめ、インドネシア・スマトラ島沖の津波や、四川大地震の被災地にも足を運んだ。

「人間には負があるから、正がある。ほんとうに哀しいから笑うんだ、だから、その笑顔がすてきなんだ、と気づいたんです」

被災者や貧困に苦しむ人々が見せる力強さ、命のきらめきに対して、気になるのは日本人の元気のなさだ。

「成田に着くといつも思うんですよ。日本にはモノがあふれていて幸せなはずなのに……と。いまの日本には中途半端な笑顔しかない。何もない家に住むマサイ族のほうが、よほど幸福そうに見えましたね」

メリー・ゴー・ラウンド

キラキラとした生命の輝きと、なぜかほっとするような人間の温かさ。

水谷さんの撮る笑顔には、見る者を元気づけるポジティブなパワーにあふれている。

被写体との一期一会で生まれる奇跡の一瞬、つくり物やニセ物ではない笑顔だから、人の心を打つのだろう。

さすがプロの技、と言いたいところだが、知ってのとおり水谷さんの本業はカメラマンではない。だが、MERRYな笑顔を撮らせたら右に出る者はいないのではないか。飾らない人柄が外見に滲み出ているため、初対面でも相手を警戒させない。だから自然な表情が引き出せる。

「僕のキャラクターというか、持ち味かもしれませんね。僕がそこにいることでMERRYな空気が生まれる……そういう才能があるみたい。海外に行くと、よく知らない子どもたちが手を振ってくれるんですよ」

そう言って、くしゃくしゃの笑顔を見せるのだ。

「デザインとは、人を幸せにして、勇気や希望を与えるもの。賞をとったり、お金が儲かるのが、いいデザインではない」と水谷さんは話す。

写真を撮るときも、まず被写体となるその人を幸せにすることを考えるという。

「でも、相手をよろこばせることが、結果的に自分を幸せにするんですよ。つまり相手の幸せが自分に返ってきて、自分も幸せになり、その笑顔の写真を見た人が、さらに幸せな気分になる。まさに『メリー・ゴー・ラウンド』。それをデザインを通じてやろうとしているのですが、友だちから『あなたのやっていることは仏陀と同じだね』と教えられたんです。それが『和顔愛語』。何もあげるものがないなら、笑顔とやさしい言葉をあげなさい。そうすれば笑顔とやさしい言葉が返ってきますよ、という意味。二五〇〇年前に仏陀がそう言っていたと知って以来、『水谷さんのMERRYは？』と訊かれたら『和顔愛語』と答えています」

「でも結局、自分なんだよね……僕がいちばん幸せ。こんな幸せな仕事はない。そのために人を幸せにしているんです」

人懐っこい笑顔を、さらにくしゃくしゃにして、水谷さんは続ける。

「いちばんうれしかったのは、ケニアの少女に『私のＭＥＲＲＹはあなたよ』と言われたとき。私はいままで笑ったことがない。ＭＥＲＲＹなんか考えたこともない。でも今日はあなたが私を笑わせてくれた。今日は最良の日。だから、私にとってのＭＥＲＲＹはあなたよ、と言ってくれたんです。僕にとってこんな幸せはない。これが最高のデザインだと思いましたね」

その後も、同じような言葉をくれる人が何人もいたという。

それが水谷さんにとって、最高の〝仕事の報酬〟といえるだろう。

お金はないが愛がある

何もかも失った戦後、高度成長期、バブル、失われた一〇年、そしてリーマン・ショック後の世界同時不況――日本人の働き方も時代とともに変化している。

水谷さんの半生はそれを浮き彫りにしているといえるだろう。

がむしゃらに「上」をめざした下積み時代。商業デザインの最先端を走っていたバブルの頃。そして手にした富と名声。

だが、めざした場所に、望んだ幸福は見つけられなかった。

ＭＥＲＲＹに取り組み、ソーシャル・デザインに軸足を移したいまは「『お金』はないが『愛（幸福）』がある」と笑う。

「『お金』と『愛』のバランスがうまく取れなくて、悪戦苦闘しています。以前は『お金』があっても『愛』がなかった。それはけっこうツライ。大金をもらう以上は、それ相応の結果を出さなきゃいけませんし……。いまは逆ですが、どちらがいいかと問われれば、『お金』がなくても『愛』があるほうがいいかな。だって『愛』さえあれば、心の平和がありますからね」

「お金」に執着しない姿勢を示す好例が、二〇〇八年の北京オリンピック開会式のクライマックスで、子どもたちの笑顔がプリントされた二〇〇八本の傘が、スタジアムいっぱいに開いた光景を覚えている人も多いだろう。

そこで使われた写真の半分以上が、水谷さんが提供した笑顔の写真だったのだ。「ＭＥＲＲＹ　ＰＲＯＪＥＣＴ」の笑顔のメッセージが、圧倒的なインパクトで全世界に存在感を示した――それ自体はすばらしいが、収入はゼロ。それどころか、持ち出しばかりがかさんだという。

たとえば「二メートル大に引き伸ばした笑顔の写真のデータがほしい」と言われるまま

に、一六四四枚分ものデータを送ったが、大量のデータ作成にかかった費用や労力、水谷さんの渡航費はすべて自己負担なのだ。

この企画が実現した背景には、水谷さんの並々ならぬ熱意と努力があった。開会式を演出した映画監督、チャン・イーモウさんが、開会式に使うために世界中の子どもの写真を集めていると聞き、迷わず北京へ。「この笑顔こそが、オリンピックという平和の祭典に必要だ！」と、イーモウ監督に直談判したのである。

水谷さんが撮った笑顔の写真を見たイーモウ監督は、「この笑顔には心がある。そして色がきれいだ」と絶賛したという。

ただし、法律的な問題を心配する関係者の説得は、一筋縄ではいかなかった。写真を使うにあたり、出生証明書、住民票、親の許諾書などの書類を揃えなければならないと、主張して譲らなかったのだ。

これまでに写真を撮らせてもらった世界中の子どもたちから、そんな書類を集めるのは無理難題というもの。そこで水谷さんはイーモウ監督に、一〇枚にもわたる熱のこもった手紙を書く。自分が笑顔にこだわっている理由や、世界の子どもたちの笑顔で世の中を変えられると信じていることなどを、その手紙で切々と訴えたのである。

ファイル五冊分になるほどの手紙とメールのやりとりを続けた結果、その熱意がイーモウ監督を動かし、法律家を動かした。

やると決めたら、執念でとことんやり抜く。

決してあきらめなかった水谷さんの粘り勝ちである。

情熱さえあれば、扉は開く

「気迫があれば運を呼び込める。人間の情熱さえあれば、すべての問題は解決できる。どんな大きな権力であろうと動かせる」

水谷さんはそう信じて疑わない。

「これまで僕はそうやって『やりたい！』と思ったことを一〇〇％実現させてきたんです」と。

思ったことは必ず実行する。たとえ勇み足で失敗しても、何もせずに後悔するよりはマシ。彼の人生を貫いているのは「思ったら飛べ！」の精神なのだ。

関係者を説得できたことはすばらしい。とはいえ、写真を提供することで、水谷さん側にいったい何の得があるのか。北京側に利用されただけではないのか。

そう冷ややかに言う人もいる。

だが、水谷さんは頓着しない。意味のある赤字はいつか必ず返ってくる。MERRYのコンセプトを世界に発信できたことは、お金に換算できない価値があると信じているからだ。

二〇一〇年五月には、上海万博のオープニング・イベントとして「MERRY PROJECT」も実現させている。「愛知万博でプロジェクトが成功したのだから、上海万博でもやりたい」。そんな思いで働きかけを続けた結果、またしても願いが叶ったのだという。

今回は上海と東京・渋谷でMERRYの傘が同時に開くという試みも行った。上海では、式典広場で華やかに傘を咲かせたあと、そのまま笑顔の傘がパビリオンの間をパレード。MERRYな空気をふりまいて、会場に集まった人々に笑顔を運んだ。その様子は中国のメディアでも報道されたという。

さらに、上海の姉妹都市である大阪でも、MERRYの傘が開いた。五月《さつき》晴れの空のもと、万博公園の太陽の塔をバックに、色とりどりの笑顔の傘。

「太陽の塔も笑っているように見えましたね」

近年は「MERRYこどもの森づくり」など、林業や農業、医療といった分野にMERRYのパワーを連動させた活動もはじめた。

また地域振興に一役買うべく、愛知県犬山市の「MERRYな街づくり」にも参画。犬山といえばイヌということで、「イヌと人、人と人、人と街を笑顔でつなぐコミュニティづくり」をテーマに、さまざまなイベントやプロジェクトを企画している。水谷さんと交流のある人気タレント、ロンドンブーツ1号2号の田村淳さんが犬山の観光特使を引き受けてくれるなど、MERRYの輪がどんどん広がっている。

こんな時代だからこそ、MERRYの笑顔というコミュニケーション・ツールに、大きな可能性があるのではないか。

「医療や農業など、いままでデザインが必要とされていなかった分野にこそニーズがある。デザインで日本を元気にしたい。そして、地球全体を笑顔でいっぱいにして、幸せにしたい。デザインで奇跡を起こしたいんです」

水谷さんの活動は休むことを知らない。

どうすれば、水谷さんのように心の底から仕事をたのしむことができるのか。そして、西村さんのようにすがすがしい生き方ができるのか。

その答えを探すために、私が出会った「仕事を通じて、感動や幸福を得た人たち」の物語をさらに紹介する。

彼らの思いや仕事観を分かち合うことで、あなたなりの「幸せな働き方」や「新しい時代の幸福論」の手がかりが見つかれば幸いである。

第2章

「これが自分のやるべきこと」だと信じて

1　知的障害者とつくるワインと「働く幸せ」

福祉を売り物にしない

「人生とはワインのようなもの」

そんな言葉を聞いたことがある。

長い年月をかけて熟成することで味わいは深くなる。人生もしかり。

本書では、さまざまな年齢の人を紹介していくが、文句なしの最年長は、次に登場する川田昇さんである。

栃木県足利市にある知的障害者の更生施設「こころみ学園」の園長先生であり、学園のワイン醸造所「ココ・ファーム・ワイナリー」の創設者。

自分のやるべきことを仕事にする――九〇年の生涯を通じて、それを貫いてきた人といえるだろう。

足利駅からタクシーで一〇分ほどの山あいにある小さなワイナリー。眼前に広がるぶどう畑を見ながら食事を楽しめるテラス・レストランもあり、秋の収穫祭には一万五〇〇〇人以上の来客で賑わうなど、ちょっとした観光スポットになっている。

ここでつくられるワインは知る人ぞ知る逸品。「こころみ学園」で暮らす人たちのひたむきで地道な作業の積み重ねが、ワイン通も唸らせる高い品質を生んだのだ。

自分に合った職場がなかなか見つからない知的障害者に社会参加の場を提供している。それだけで賞賛に価するが、「ココ・ファーム・ワイナリー」では知的障害者がつくるワインだということをことさら強調しない。同情で買ってもらっても、ビジネスとしては長続きしないからだ。

ワイナリーを設立して三〇年。現在は約二〇種類のワインを生産し、年間一六万本を出荷する。年商は約四億円。社会福祉法人の一事業である「こころみ学園」とは完全な別経営で、さまざまな経営努力で黒字を確保しているという。

福祉を売り物にせず、ワインの品質だけで勝負すること。

それは、園生たちの真摯な仕事に対するリスペクトでもある。

「ワインづくりには、二〇年や三〇年はどうしても必要。ようやく夢が実現しつつあると感じています」

杖をつき、娘さんに支えられながらやってきた白髪の園長先生は、静かな声でそう話す。ここに至るまでの人生は、挑戦と苦難の連続であったはず。が、そんな苦労などなかったかのように、「たのしいことばかりでしたよ」と穏やかに微笑む。

まるで仏さまのようだと感じ入っていると、娘さんである越智真智子さんが苦笑する。

「昔は怖かったんですよ。いまじゃ、そんなふうに見えませんけどね」

なるほど。厳しさもなければ、ここまでのことは成し遂げられなかったはず。

公立学校の教師だった川田さんが「こころみ学園」とワイナリーを設立するまでの経緯を振り返ってみよう。

自費で山を買い、子どもたちと開墾する

貧しい農家に生まれた川田さんは、働きづめの日々を送る家族を見て育った。自身も幼い頃から両親を手伝ったが、勉強は苦手。母親は、そんな彼を「頭が悪くても、仕事ができれば大丈夫だ」と励ましたという。

知的ハンディを抱えた子どもたちも一所懸命に働けばなんとかなる――のちに、そう考え

ることができたのは、この生い立ちが影響しているという。

戦前から教壇に立ち、五三年からは中学校の特殊学級の教員になる。

「僕も勉強ができない〝はみだしっ子〟だった。だから特殊学級の子どもたちのせつなさがよくわかったんです」

やがて農作業が子どもたちの訓練に効果があると確信し、授業の一環として、子どもたちと山を開墾することを決意する。

五八年、貯金をはたき、安く売りに出ていた七ヘクタール弱の土地を購入した。兄や元教え子たちの協力を得たとはいえ、一教師としてはたいへんな決断である。

西向きだが、杉も松も育たなかった急斜面の荒地。そこを二年間かけて、子どもたちと切り拓いた。読み書きや計算が苦手な子どもたちが、鉛筆を鋤《すき》や鍬《くわ》に持ち替えて、山仕事に汗を流したのである。

そうして耕した畑に、約六〇〇〇本のぶどうの苗木を植えた。このとき栽培していたのは食用のぶどうである。また、伐採した木でシイタケの原木栽培もはじめた。

「山で作業するようになって、子どもたちは変わりました。自信がついて精神的にも落ち着いてきた。以前は赤ん坊のようなふわふわした手をしていたのに、作業をするうちにいい手になってきたんです。すぐに転んだり、つまずいたりしていた子も、バランス感覚が養われて転ばなくなった。子どもたちは、ほんとうによくがんばったと思います」

「こころみ学園」誕生

こうした川田さんの教育法が注目を集める一方、教育委員会からは批判の声も出た。当時の特殊学級のカリキュラムには、ある程度の自由度があったが、やはり「やり過ぎだ」と考える人もいたのである。

「小学校の教頭になるように」との辞令が下りて赴任するが、川田さんはその職を三日で辞してしまう。

そこに友納武人・千葉県知事（当時）から声がかかった。「やりたいことは何でもやってください」と口説かれ、六六年、袖ヶ浦の「県立福祉センター」の施設長に就任したのである。

そこでも、足利の山での体験を踏まえ、養豚やぶどう栽培、シイタケ栽培をはじめるが、規模が小さく満足な成果は得られない。また、冷暖房完備の施設という至れり尽くせりの環境が「子どもたちの目から輝きを奪っている」とも感じていた。

結局三年半で退職し、川田さんは足利に戻る。

そして公的な補助金はいっさい受けず、自分の資金と子どもたちの親からの寄付だけで施設を開くことを決心するのだ。

試みにやってみるから「こころみ学園」。「やってんべー（やってみよう）と集まったんだから、学園の名前は『やってんべー』にしようと思ったけど、結局『こころみ』になりました」と笑う。

建物の建設工事も全部自分たちで行うという、まさに手づくりの学園。袖ヶ浦のりっぱな施設とは対照的な簡素な建物だったが、〝試み〟としてはかなりスケールが大きい。知的障害者の教育にかける並々ならぬ情熱やベンチャー精神がなければ決断できないことだろう。

そのとき行政から補助金をもらわなかったのはなぜか。

「福祉は譲り合うことなのに、みなで補助金の取り合いをしていた。僕が補助金をもらえば、その分もらえない人が出る。だから僕はかっこをつけて、もらわなかったんですよ」

そう川田さんは話すが、娘さんである越智さんは、「補助金をもらえば、どうしても行政から制約を受ける。それを避けたいという気持ちもあったのではないでしょうか」と、父親の気持ちを代弁する。

越智さんは現在、「ココ」の農場長と学園の園長補佐を兼任し、川田さんの仕事を支えている。

六九年十一月に成人向け知的障害者更生施設として認可が下り、園生三〇人、職員九人の体制でスタート。ぶどう、シイタケの栽培など、農作業による園生の自立をめざした。川田さんも学園に寝泊りし、ひとつの家族のように生活しながら、同じように農作業に取り組んだのである。

越智さんが当時を振り返る。「千葉にいたときも、週に一度は自宅に戻ってきていた。でも『こころみ』をつくってからはまったく帰ってこなくなったんです。学園から自宅まで、一〇分くらいなのに……。あの頃は、それほどたいへんだったのだと思います」

かっこいい仕事をさせたい

次なる転機は、八〇年に有限会社「ココ・ファーム・ワイナリー」を設立したときである。

お酒好きの川田さんは、ぶどう栽培をはじめたときから、ワインづくりを夢に描いていたという。売値が安定しない食用のぶどうとちがって、ワイン用のぶどうなら、安定的に収入が確保できるメリットもある。

「最初はどこかのワイナリーに卸すことを考えていたんです。でも、自分たちで醸造したい、そうすれば（ぶどうの売り先も決まって）ラクになるのに、という思いもありました。それにワインづくりはかっこいい。勉強が苦手で、いつもかっこ悪いと思われていた園生たちに、かっこいい仕事をしてほしかったんです」

考えに賛同してくれた園生の父母の出資を受けて有限会社を設立。八四年には念願だった醸造の認可が下りた。

「あのときがいちばんうれしかった。夢がいっぱい広がりました」

当時の興奮を思い出したように、満面の笑みで語る。

醸造にあたっては、銀行から借り入れをして設備投資を行った。その年の秋からワインづくりをはじめ、一万二〇〇〇本を生産、完売する。

さらに八九年には、佐野市にワイン用のぶどう畑を新たに開墾。アメリカ、カリフォルニア州ソノマに自家農園も確保した。カリフォルニアの畑づくりも学園の園生と職員が行い、自らの手でぶどうの苗木を植えたという。

こうした攻めの経営が、のちに花開く。また、同じ年、アメリカから優秀な醸造技術者、ブルース・ガットラヴさんを招いたことも大きな助けになった。ブルースさんの技術と献身で「ココ」のワインの質はめざましく向上したのである。

半年間との約束で来日したブルースさんは、その後二〇年にわたって、このワイナリーを支えている。

「園生たちがいなかったら、彼はとっくにアメリカに帰っていたと思いますよ。あの子たちは駆け引きがないし、ほんとうに一所懸命。だからなんとかしなきゃと思ってくれたんじゃないかと。『友だちが世界中でワインをつくっているけど、同僚がおしっこを漏らしていないか気にしながら仕事をしているのは僕くらいだよ』と、すごくたのしそうに話して……。彼もあの子たちのたくましさに励まされたのだと思います」。そう越智さんは話すのだ。

沖縄サミットでも供された「ＮＯＶＯ」

九二年からは、難しいスパークリングワインづくりに挑戦したが、そのための資金調達にも知恵を絞った。ワインが完成すれば、毎年四本を六年間届けるという約束で、一口一〇万円の出資金を募ったのである。

「もともとは商工会議所の人のアイディア。銀行もこれ以上お金を貸してくれず、苦肉の策だったんです」

結果的に三〇〇〇万円が集まる。

そこでつくられたのがスパークリングワイン「ＮＯＶＯ（のぼ）」である。名前の由来は、

「日が昇る」「美しき泡が立ちのぼる」から。「のぼ」とは、川田さんの幼少期のあだ名でもある。

「うちのワインのなかでも、やっぱり『NOVO』がいちばんうまいね。フランスのシャンパーニュ地方に行ったときに飲ませてもらった、とっておきのシャンパンもうまかったけど、これもどっこいいい勝負だよ」

そう言って、川田さんは子どものような笑顔を見せる。

関係者にとって大きな励みになったのは、ソムリエの田崎真也さんの推薦で、この「NOVO」が、二〇〇〇年の九州・沖縄サミットの晩餐会で、乾杯用のワインとして使われたことである。

「特に親御さんがよろこびましたね。テレビ中継の乾杯の場面では、子どもたちからも、『あっ、「NOVO」だぁ〜！』と歓声があがりました。みな、ちゃんと見ているんですよ」

さらに二〇〇八年の北海道洞爺湖サミットで、赤ワイン「風のルージュ2006」が使用されたことも、ワイナリーとしての実力を証明する好機となったのだ。

ぶどう畑を開墾してから、はや五〇年が流れた。

「こころみ学園」の人たちは、今日も、草取りや、袋がけ、ぶどうの粒の選別など、根気のいる地道な作業を黙々と続けている。ボトル詰め、ラベル貼りと、さまざまな仕事があるから、各人が自分に合った仕事を見つけられるのだ。

日の出とともに畑に出て、一日中、カラス追いのカネを叩き続ける係の人もいる。カン、カン、カン、カン……。

私が取材に訪れた日は、小雨模様の肌寒い午後だったが、カラスを追うカネの音はずっと鳴りやむことがなかった。彼が休むと、あっという間にカラスが寄ってくる。だから雨に濡れても畑に立ち、律儀にカネを鳴らし続けるのだという。見上げた〝プロ意識〟ではないか。

彼はカラス追いの仕事に誇りを感じているのだと、「こころみ学園」の事務局長、佐井正治さんは話す。

「知的障害者の人たちは、自分の得意なことを見つけたら、どんな単純作業でも飽きずにコツコツとやり続ける。たとえば、スパークリングワインをつくるとき、ボトルのなかにできた澱を取り除くため、四五度ずつ瓶を回すルミアージュという工程があるんです。手間がかかるため、いまではほとんどが機械化されているのですが、ここでは最上級のシャンパン同様、手作業でていねいにやっています。正確さが要求されるこういう仕事こそ、物事にこだわりを持つ彼らに向いているんですよ」

正確に四五度ずつ、瓶を回し続ける。

そんな気の遠くなるような作業を、手を抜かず懸命に取り組むから「ＮＯＶＯ」の味は格別なのだ。

人が嫌がるような小さな仕事、退屈な作業でも、誇りを持ってやり続ける。

働ける場、自分が必要とされる仕事があるということが、人生にこれほどの輝きをもたらすとは。

彼らの純粋さにふれて、改めて「働くことのよろこび」について考えさせられた。

「仕事で幸せになる」。その見本がここにもあると感じたのだ。


川田さんはすべての園生を「子どもたち」と呼ぶ。

大人になっても、おじさん、おばさんになっても、幼い子どものように純真でまっすぐ。ズルをすることも、人を裏切ることも、陥れることもない。そんな「子どもたち」を、父親のような大きな愛で包み込んでいるのだ。

彼らに「働く幸せ」を与えることができたのは、川田さんの献身があってこそ。一方、川田さんも、そんな「子どもたち」の純朴さ、生命の輝きに、生きる力をもらっているのだろう。人のために働くことが、大きなよろこびとなって自分に返ってくる。メリー・ゴー・ラウンドである。

目下の問題は園生の高齢化か。平均年齢は五〇歳。川田さんとほぼ同じ年齢のおばあさんもいる。入所希望者は多いが、出て行く人がいないため、空きが出ないのが現状だ。

まるで大きな家族のような「こころみ」の精神。川田園長を慕い、開墾当時の中学生たちも、毎年のようにここに集うという。この志は、あとを継ぐ川田さんの二人の娘さんへと受け継がれていくにちがいない。

一〇年四月。ココ・ファームから新しい商品カタログが届いた。八九年に園生たちがカリフォルニア州ソノマの畑に植えたぶどうを収穫し、一〇年熟成させた渾身のワイン「マグナム・オーバード」が発売されるという。

そこに寄せられた川田さんの言葉がまさに味わい深い。それを最後に紹介しよう。

ワインが熟成していくようすは、
人が生きることに、とてもよく似ているような気がします。
人生の深い味わいは、困難をたんたんと受けとめ歩く、
歳月がつくるものだから。

2 投資というお金の力で社会を変える

誠実な企業を応援したい

もうひとり、「自分のやるべきこと」を貫く信念の人を紹介しよう。

投資というと、何やら胡散臭いものを感じてしまうのが日本人だが、少し見方を変えれば、投資という行為にもいろんな可能性があることに気づかされる。

たとえば、近年、日本でも注目を集めているのが、「SRI・社会責任投資」という概念である。

従来の投資は「どれだけ稼いだか」という財務面に着目するのに対し、SRIでは「どうやって稼いだか」という仕事のプロセスを評価する。つまり、相手の人柄を見るように、企業の本質を見極めて投資をするわけだ。

いくら業績を上げようとも、不正を行うような企業には投資をしない。株式投資という形で、誠実な経営をする企業を応援する、お金の力で社会をよりよくしようという考え方である。

このSRIの思想に深く共感、SRIを日本に定着させる仕事をしたいと、証券会社でのキャリアを捨てて会社を立ち上げたのが、秋山をねさん（インテグレックス代表取締役社長）である。

人を騙したり、ルールすれすれのやり方でも、利益を上げた人が評価されるのがウォール・ストリートの考え方だ。だが、手段を選ばず短期的な利益だけを追求すれば、人も企業も決して長続きはしない――そう漠然と考えていたとき、SRIに出会った。

ときは二〇〇〇年末。彼女の感覚の正しさは、エンロンの破綻、サブプライム・ローン問題などでのちに証明されるが、当時としては少々〝異端〟であったらしい。

「ウォール・ストリートで働く知人にきいても、『えっ、SRI？　何それ？』という反応でした」と、秋山さんはふり返る。

だが「SRIを広めることで社会を変えたい」との思いは揺るがず、〇一年六月、インテグレックス社を設立する。SRIを知ってから、わずか半年後というスピード起業である。

「熱にうかされて、パァーッと会社をつくってしまった。とにかくSRIをやりたい、ファンドをつくりたいという一心で……いま同じことをやれと言われても躊躇するかもしれませんね」と笑う。

社名には「インテグリティ（誠実さ、高潔さ）をチェックする（X）」という意を込めた。同社のウエブサイトを開くと、二宮尊徳のこんな言葉が目を引く。

「道徳なき経済は罪悪であり、経済なき道徳は寝言である」

ちょっと衝撃的だが、SRIの理念を端的に表した言葉ではないだろうか。

「『経済なき道徳は寝言』とは、どんな道徳も経済とリンクしなければ意味がない、大きな影響力を持たないということ。それがまさしくSRIだと思っています」

「日本の女に、トレーダーはやらせない」に失望

SRIに出会うまで、秋山さんは主に外資系の証券業界でキャリアを重ねてきた。

八三年に慶應大学を卒業し、外資系証券会社に就職。資格をとるなど努力もしたが現実は厳しかった。

「アメリカ人の上司に『トレーダーになりたい』と希望したら、『そんな大切な仕事は、日本

の女にはさせられない』と言われたんです。この言葉はいまでも覚えていますね」

ピシャリと道を閉ざされ、やる気を打ち砕かれる無念さ。理不尽な仕打ちに対する悔しさは、同じ女性として痛いほどわかる。

これでは努力のしがいがないと転職。米国債のトレーダーとしてキャリアを積む。そして結婚。「二四時間働くような仕事では、子育ては難しい」と出産を機に退職するが、一年余で離婚することに。

生活のために仕事への復帰を模索したが、保育園も見つからないうえ、幼子を抱えてトレーダーとして働くのは無理がある。将来を考えて、ＭＢＡ取得のため青山学院大学の大学院に通い、ＣＰＡ（米国公認会計士）の資格も取得するなど、がむしゃらにがんばった。

「三六歳になっていましたし、とにかく必死でしたね。実家には助けてもらいました。大学院の二年目に、『アメリカに駐在する人を探しているんだけど』と知人が声をかけてくれた。それで『どこでも行きます！』と返事をしたんです」

修士課程修了後、九九年に証券会社の米国駐在員として渡米。ヘッジファンド関連の業務を担当する。娘を連れてのアメリカ生活は楽しかった。このままアメリカに住んでもいいと思っていたが、二〇〇〇年一〇月、日本への帰国の命が下る。

帰国の二ヵ月後、同じ会社の上司が麗澤《れいたく》大学の高巌《たかいわお》教授のセミナーに参加したことが、運命を変えた。その上司からSRIの話を聞いた秋山さんは、大いに刺激を受け、アメリカにおけるSRIの動向などを調べはじめるのだ。

「こんな投資があるのかと、とても驚きました。目から鱗《うろこ》が落ちましたね」

知れば知るほど共感し、「これこそ自分が探していたものだ」と確信する。さっそく社内でSRI普及のための「勝手プロジェクト」を立ち上げるが、「企業評価は、公正、中立な立場で行わなければならない。証券会社内では難しいのではないか」と思い至る。

そこで独立を決意。高教授のセミナーに参加した上司と、五〇〇万円ずつ資本金を出し合って、会社を設立したのである。

あなたの一万円が社会を変える

創業の二ヵ月後には、全上場企業を対象に、経営の誠実さや透明性を測るアンケート調査を実施した。倫理・コンプライアンスへの取り組みなど、CSR（企業の社会的責任）のマネジメントシステムを公正中立な立場で定量評価。その結果を金融機関に提供し、SRIファンド（投資信託）の銘柄選びの基準とするための調査である。

第一回目の調査では上場企業約三六〇〇社に調査票を送り、四六九社から回答を得た。ちょうどCSRやコンプライアンスという言葉が注目を浴びはじめた頃。この種の調査としては上々の回答率に、ほっと胸をなでおろした。

だが「一回調査をすれば、SRIファンドができる」との甘い目論見は外れた。金融機関を回っても、色好い返事はもらえない。

「『それはいいことですね』で終わり。ファンドをつくるのは早い、つくっても売れない、という返答ばかりでした」

理想に燃えて会社を立ち上げたものの、世間とのギャップは大きかったのだ。

同社がSRIファンドにこだわってきたのには理由がある。少額ずつでも個人のお金が集まれば、社会変革の起爆剤となることを証明したかったからだ。

「あなたの一万円が、社会を変える力になる」

そう訴えることで、SRIの裾野を広げたいと考えたのである。

「生活者は『株なんていかがわしい。損をするに決まっている』と思っている。日本で株式投資が広がらないのは、個人が共感できる投資哲学がないから。でもSRIなら、その哲学になりうる。少額から買える投資信託の形にすれば、幅広い層に参加してもらえると考えたのです」

結果としては、あきらめなかったことが道を拓いたわけだが、その過程には葛藤もあった。〇二年一二月には、立ち上がるはずだったファンドが直前でダメになるという苦い経験も。最初のファンドができたのは〇四年になってからである。

投資顧問料が入らないため、二年間は無収入の状態が続き、倒産の不安も胸をよぎった。その苦しい時期に、「競合企業が知りたがっているので、ある個別企業の評価を有償で見せてほしい」と打診されたときは心が揺れたという。

「ほんとうはお金がほしかった。でも意地を張って断りました。苦渋の決断でしたが、あとから考えれば、頑固に自分たちの理念を貫いたことがよかったのだと思います」

「いい会社を応援したいんでしょ？　じゃあ、絶対にやめちゃダメ」

当時七歳だった娘に、そう言われたことも支えになった。

だが、人様に「持続可能性が重要ですよ」と説きながら、自分たちが持続できないのでは話にならない。苦肉の策として「ＣＳＲの支援事業」をはじめたところ、この事業が窮地を救ったのだ。

特にニーズがあったのが、内部告発など、リスク情報受信用のホットライン業務だ。

雪印の集団食中毒事件や一連の牛肉偽装事件など、企業の不祥事が相次いでいたことが追い風になった。現在は企業だけでなく国立大学や医療法人にも利用が広がり、六〇〇ライン以上を受託しているという。このほか、社員や取引先などを対象とする「コンプライアンス意識調査」（モニタリング）なども行うが、中立の立場を維持するため、儲かる個別コンサルティングは一切引き受けない方針を貫く。

知名度が上がったことで、調査に協力してくれる企業も約八〇〇社に増えた。会社設立五年目で過去の累損を一掃し、株主に配当を出すなど、経営を軌道に乗せたのである。

みんなのお金で社会を動かす

ＣＳＲという言葉は、日本の企業社会にも定着したかに見える。だが、表面的なものだけに目を奪われてはいけないと、秋山さんは強調する。

「たとえば、不正が明らかとなったコムスンも、事業内容自体は社会的に意義のあること。でも、仕事のプロセスが不適正でルール違反もしていた。また仮に、環境問題に熱心な企業が風力発電のための風車を談合で建てたとしたら、それも問題がある。事業や社会貢献のプロセスをスクリーニングをすることが重要なのです」

ＳＲＩの投資対象企業を増やすためにも、ＣＳＲの支援には意味があると考えている。ただし、あくまで力を入れたいのはＳＲＩの普及だ。いつの日か、すべてのファンドが基本的なＳＲＩファンドになることを願っている。

日本ではまだまだ馴染みの薄いＳＲＩだが、アメリカでは八〇年以上の歴史があり、アルコールやギャンブルなど、反社会的とされた産業を投資対象から外したことが、そのはじまりとされている。九〇年代以降は、人権や社会貢献など、企業の社会的な取り組みを評価し、その結果に応じて投資をする形のＳＲＩが広がった。

最近では、地球環境問題や貧困問題の深刻化を反映し、ＳＲＩが意味する内容も変化しているという。

倫理や社会的な責任を問う「Socially Responsible Investment」から、持続可能（サステイナブル）な社会の構築に重きを置く「Sustainable and Responsible Investment」へ――地球や人類の持続可能性に向けたさらなる貢献が、企業に求められる時代になったといえるだろう。


一〇年現在、同社の調査結果に基づいて運用されているＳＲＩファンドは八つ。

ファンドに組み入れる銘柄は金融機関によって異なるが、企業にとっても長期的安定的な株主を確保することは大きな意味がある。

「『ＳＲＩファンドに組み入れられるのは、とても名誉なことだ』とおっしゃる経営者もいるんですよ」と、秋山さんは話す。

日本におけるＳＲＩの市場規模は〇七年末には約八五〇〇億円に広がったが、金融危機の影響で約五八〇〇億円に縮小した（『日本ＳＲＩ年報２００９』より）。二・七兆ドルのアメリカ、二・七兆ユーロのヨーロッパ（ともに〇七年）に比べると、その規模ははるかに小さい。

また、投信は長期投資が前提なのに、運用成績が好調だと、利益確定を急いで早々と解約する人が多いのも、日本の特徴らしい。

「本来、株式投資とは長期的なもの。よいと思った企業に自分のお金を参加させて、その発展に使ってもらう。そして成長に応じたリターンを得るという考え方です。ところが残念なことに、日本の個人投資家は〝投機〟に走る傾向が強いんです」

いままでにない投資の概念を定着させて、みんなのお金で社会を動かしたい。そんな使命感が秋山さんを駆り立てているのだろう。「娘たち次世代のためにも、よい社会をつくりたい」との思いも強い。

「道徳なき経済は罪悪であり、経済なき道徳は寝言である」

この言葉は、サブプライム・ローンなどで暴走した強欲な金融資本主義とは異なる〝日本ならではの資本主義〟があったことを示唆する。世界でＳＲＩが注目を集めている現状は、それがいま、新しい形で復活しつつあることを予感させる。

この理念がすべての企業にあてはまる社会をめざして、秋山さんの挑戦は続く。

3 「アイガモ農法」でアジアの暮らしを守る

ダボス会議に参加する「百姓」

各国のトップ・リーダーが集う「世界経済フォーラム年次総会」、通称「ダボス会議」に、何度も招待されている日本の社会起業家がいる。

日本では「社会起業家」という言葉がまったく知られていなかった〇一年、シュワブ財団から「傑出した社会起業家」のひとりに選ばれ、スイスで開かれた「社会起業家サミット」にも参加した。

社会起業家とは、環境保全、貧困、教育格差など、社会の抱える問題の解決に取り組み、独創的な事業でイノベーションを起こす人のこと。本人が意識するしないにかかわらず、彼の仕事は、この世界にイノベーションをもたらしているのだ。

「『あなたは、世界中から選ばれた四一人の社会起業家のひとりだ』と言われても、最初はピンと来なくて……。社会起業家の意味がよくわからなかったんですよ」と笑う。

さて、この人物はいったい誰か。

ビル・ゲイツら経済界の大物に交じって、あのダボス会議に参加しているのだから、グローバルビジネスで活躍する経営者を想像するかもしれない。

その答えは、福岡県に住む古野隆雄さん。

自身で好んで使う肩書きは「百姓」である。

「百姓というと差別用語のように思われていますが、米や野菜もつくるし、鶏も育てる、小屋も建てるなど、百の仕事をこなすから百姓なんです。国や自治体は、米なら米と、ひとつの作物をつくるよう指導してきましたが、〝百姓百作〟でいろいろな作物をつくるから、経営の安定性もあるし、変化があってたのしい。本来、農業とは自分の工夫次第でおもしろくできるものなんですよ」

百姓という仕事に、誇りとこだわりを持っているのだ。

日本の百姓が、ダボス会議で各国首脳と肩を並べる。何だか、とてもかっこいい。

考えてみれば、農業とは、クリエイティブでイノベーティブな職業である。

その創意工夫が、画期的な有機農法「アイガモ水稲同時作」を生んだ。

囲いをした水田にアイガモを放ち、雑草や害虫を駆除しながら、稲とアイガモを育てるという技術である。

「稲作と畜産を同時に行うから『同時作』。ふたつを組み合わせることで、これまでは、じゃまもの扱いされてきた雑草や虫が、アイガモの餌という資源に変わるんです」

日本各地をはじめ、中国、韓国、ベトナム、フィリピン、インドネシア、キューバなどに同農法を普及させた功績で、古野さんは社会起業家として世界的に認知されている。

著書が英訳され、『THE POWER OF DUCK』として出版されたことも、古野さんの技術が世界に広がるきっかけになったという。


アジアの貧しい農家にとって、この農法を導入するメリットは大きい。

まず、農薬や化学肥料がいらないので経費が節約できる。カモ肉の売上げも加わるため、売上げから経費を引いた所得は、なんと二、三倍に増えるという。天候不順で米が不作のときもカモ肉で収入が確保できるというリスクヘッジの側面もある。

「水牛で田んぼを耕すアジアの国々では、トラクターなどの大型機械や、農薬に頼った近代農業は普及しない。技術が広がるには、その技術が合理的であることと、経済合理性を備えていることが必要なんです」

完全無農薬の有機農法であるため、環境保全、資源節約の面でも優れている。カモの糞《ふん》で稲が育ち、クズ米がカモの餌になるという具合に循環も成立する。

古野さんの名刺には「一鳥万宝」と印刷されているが、まさにそのとおり。じつにエコロジカルでエコノミカルな技術なのである。

「有機農法は手がかかる」という常識を覆す

古野農場は、博多から快速電車で三〇分ほどの福岡県桂川町にある。

駅からタクシーに乗り、住所と地図を見せたが、どういうわけか別の古野さんの農場に連れて行かれた。このあたりには「古野さん」がたくさんいるらしい。あわてて取材先に電話をして場所を確認。すると、「あぁ〝アイガモの古野さん〟ね。アイガモって言ってくれれば、すぐわかったのに」と運転手さん。地元でも「古野隆雄さんといえばアイガモ」なのだ。

めざすお宅に着き、さっそく田んぼに案内してもらった。

取材に訪れたのは七月末。力強く育った稲の葉に隠れて、水田にアイガモの姿はまったく見えない。

「警戒心が強いので、知らない人がいると出てこないかもしれませんよ」。古野さんはそう前置きしつつ、緑一面の水田に向かって呼びかける。

「こぉ〜い、こい、こい、こい……」

餌であるクズ米をまくと、どこからともなく一羽、二羽とアイガモが姿を現した。ひょこひょこと歩く、その姿が愛らしい。こちらが動物好きのせいか、警戒しているようすはあまり感じられない。ガア、ガアという鳴き声もにぎやかに、あっという間にたくさんのアイガモたちが集ってきた。こういう姿が見られるのもアイガモ農法のたのしさだろう。

アイガモとは、アヒルとマガモをかけ合わせたものだ。

昼間は水田でアヒルを放し飼いにして草や虫を食べさせ、日が暮れると小屋へ移動させるというやり方は、中国など、アジアではかなり古くから行われていた。だが、農薬を使うようになった六〇年代以降、この方法は廃《すた》れる。農薬の害でアヒルが死ぬようになったからだ。

古野式はこの伝統農法の復活ともいえるが、大きなちがいはアイガモを飼う水田を囲い込むことである。

「囲いをつくり、限られた空間でアイガモを飼うことで、稲に対する効果が上がる。草や虫を食べるだけではなく、アイガモが水をかき、くちばしや羽で稲を刺激することで、丈夫な稲が育ち、その糞が稲の養分となるんです。アジアでも、いまはこの囲い込み方式が普及しています」

いったんヒナを放ったあとは、そのままにしておくので、アイガモを移動させる手間もいらない。雑草、虫の防除や、稲への養分供給もすべてアイガモ任せ。有機農法は手がかかるという常識を覆《くつがえ》す、画期的なイノベーションなのだ。

「有機農法であっても効率を求めるのは当然のこと。手間がかかるのは、技術が完成していないから。誰でも簡単にできる技術をつくりあげることが重要だと、アイガモが教えてくれたんです」

完全無農薬をめざして苦悶

古野さんは五〇年、農家の息子として生まれた。

九州大学農学部を卒業。大学院に進学するが、七八年に中退し、有機農業をはじめる。

有機農業に取り組んだのは、有吉佐和子の『複合汚染』を読み衝撃を受けたからである。

「両親が有機農法をやっていたわけではありませんが、この本で問題意識に目覚めた。大学卒業時、退官される教授から『自分の仕事の役割を考えて働きなさい』と言われたことも頭に残っていて。若かったしね……それが自分にとっては、有機農業で社会に貢献することなのかなぁと考えたんです」

完全無農薬の有機農業をめざすも、最初の一〇年間は苦労の連続だった。二年後に結婚。来る日も来る日も、夫婦で水田の草取りに明け暮れた。

「周囲には『完全無農薬なんて、できるわけがない』と言われました。でも、自分なりのやり方を確立したくて、試行錯誤を繰り返していた。そういう意味ではおもしろかった。有機農業の大切さを理屈で説くのではなく、実際に作物をつくることが重要だと思っていたんです」

理屈で訴えるのではなく、解決策を見せる。それは、あとで紹介する「大地を守る会」の藤田和芳さんと同じ発想であり、社会起業家のあるべき姿といえるだろう。

転機は八八年に訪れる。隣町に住む自然農法の先生から「富山県の置田敏雄さんが、アイガモを田んぼに放して除草をしている」と聞いたのだ。

さっそく置田さんの「アイガモ除草法」の資料を送ってもらった。試してみると非常にうまくゆき、喜んだのも束の間。アイガモが野犬に襲われてしまう。

「置田さんに相談しても、『野犬がいるところでは難しい』との返事。それでもアイガモをあきらめきれず、犬と闘うことに決めた。背水の陣だったんです。いま振り返ると、壁にぶち当たっていたこの時期がいちばんつらかった。試すべき方法が思いつかないから、同じことを繰り返すしかない……それが苦しくて。他の農家は有機といっても減農薬なのに、自分だけが完全無農薬に挑戦して、失敗ばかりしている。ほんとうにバカなんじゃないか、と思い詰めていましたね」

明日が見えない日々が続いていた九〇年、万策尽きた夫妻は、気分転換を兼ねて、妻の姉の家に遊びに行く。そこでイノシシ防御のための電気柵を発見。それを導入することで犬の撃退に成功したのだ。

「干ばつのときに植物が根を伸ばすように、あきらめずに努力を続けていたから、電気柵という解決策を見つけることができた。途中でやめたらダメなんですよ」

それ以来、苦労ばかりだった有機農業が「たのしいもの」に変わった。

さらなる工夫を重ね、より効率的な「アイガモ水稲同時作」の技術を確立。忙しさから解放され、時間的、経済的な余裕も生まれたのである。

そこで今度は、この優れた技術を、全国各地はもとより、ベトナムや中国など、アジア各国に普及させる活動をはじめた。当初は旅費も持ち出しの、まったくのボランティアだったという。

九二年、最初に中国を訪れたとき、アヒルの研究者である大学教授から「千里同風」と書かれた掛け軸をもらった。遠くにも近くにも同じ風が吹く太平の世。そんな意味だ。

「アジア共通の技術として、いっしょに広めていこうという呼びかけだったのではないでしょうか」

以来、何度も訪中し、技術指導を行っている。近年は、かの地でも「同時作」がかなり広がっていると悦ぶ。

「自分のためになって人のためにならないと、どんなにいいことでも続かないでしょう」

奥様の久美子さんがそう話すように、やはり「自分がたのしい」仕事だから、続いているのだろう。

仕事はいくらでもおもしろくできる

「仕事とは、金銭を得るためにするもの。でも、アイガモに出会って以来、たのしく働くこと、仕事をおもしろくすることを考えるようになった。そういう意味では、アイガモで人生が変わった、といえるかもしれませんね。みんなが自分の仕事をおもしろくできれば、世の中は変わるのに……。他の仕事では難しいかもしれませんが、農業では、やろうと思えば、いくらでもおもしろくできる。まあ、こんなことを言ってるから、社会起業家なんて言われるのかもしれませんね」

「たのしく働くこと」が目的だから、お金は二の次、三の次、というわけで、古野さんは儲けることに頓着しない。

「若い頃、『こんなことしていて、食べていけるのかな』と妻に言われたけど、『食べるもん、つくってるから大丈夫やろ』と笑って受け流していたんですよ。子どもの学費はたいへんでしたけど、まあ、なんとかなりました」と笑う。

通常なら普通の米の倍の価格をつける無農薬米を、「手間がかからないから、値段を高くする必要がない」と、古野農場では一〇キロ五〇〇〇円という良心的な価格で販売しているのも無欲さの表れだ。

「有機米では、いちばん安いんじゃないかな」

それでも採算が合うのは、この技術がすぐれているからだ。

一般的に有機米は、農薬や化学肥料を使う方法よりも収穫が落ちるといわれるが、「アイガモ水稲同時作」では同程度の収穫を確保できるという。さらなる効率化をめざし、古野さんは現在も日々技術の改良に取り組む。

過去二〇年でアイガモ農法の認知度はあがった。だが、日本には日常的にカモ肉を食べる習慣がないなど、課題もまだまだたくさんある。「全国合鴨水稲会」の代表世話人を務めるほか、カモ料理のレシピ本を出すなど、普及のための活動にも力を入れる。

「カモ肉はおいしいし、健康にもいい。日本のスーパーで売っているアイガモ肉は台湾からの輸入品か、大きいアヒルの肉がほとんどで、脂っぽい。でも水田で育ったアイガモは、もっと身がひきしまっているんですよ」

話はいつしか、カモ肉の宣伝になる。

流通面でも、産地直送のシステムをいち早く導入。無農薬の「合鴨米」のほか、有機栽培の野菜や卵、カモ肉などを、自分たちの手で近隣家庭に届けている。長男の勧めでインターネットを使った直販にも進出した。

「日本人の食糧支出のうち、農家のとり分は二割にも満たないそうです。流通や宣伝を自分たちでこなすことで、残りの八割の領域に踏み込みたいと考えた。生産者と消費者を直接つなぐのがいちばん合理的だし、顔の見える関係も築けますからね」

また「五〇代最後のチャレンジ」として、アジアの伝統農法と「アイガモ水稲同時作」の比較研究で博士論文を執筆。〇八年、九州大学で博士号も取得した。

忙しい農作業の合間にそんなことをやり遂げるとは、ものすごい精神力と集中力である。このずば抜けた知性とバイタリティー。シュワブ財団の目に狂いはなかったらしい。

家族でする農業にこだわる

古野さんがこだわってきたのは「家族で農業をする」ということだ。五人の子どもたちも、アイガモの世話や農作業を小さい頃から手伝っている。現在では研修生も受け入れているが、これまでは人を雇わず、なんとか家族で切り盛りをしてきた。

「売るために作物をつくるのではなく、家族で食べるものをつくるのが本来の百姓なんです。その延長で、自分たちが食べているものを消費者にも届けるということ。農業は、自分たちでやることに意義がある。世界の八割は家族農業だし、時代が変わってもその原型は保っていきたいと思っています」

大切な家族が食べるものだから、農薬を使わない安全なものをつくりたいと考えるのは当然のこと。だから有機農法なのであって、「有機農法にこだわっているわけではない」のだ。

五〇年代のように、子どもたちが田んぼでドジョウをつかまえる姿を復活させたくて、最近は水田にドジョウを放している。

「昔の田んぼには魚もいた。その風景を取り戻したいんです。稲作と畜産、水産を同時にやれば、田んぼは子どもたちのワンダーランドになる。コンピューターゲームより、田んぼで遊ぶほうがずっとおもしろいはずですよ。うちの子どもたちは魚をとるのに夢中で、ゲームなんてほとんどやってませんからね」

循環型農業というアジアの暮らしの原点を守るのが、古野さんの夢であり、ミッションであるといえそうだ。


ここでつくった有機野菜なら、きっとおいしいにちがいない。

そう思い立ち、古野農場を出る前に、自分で持てるだけの量の野菜を買って帰った。「これもどう？　油で炒めたらおいしいよ。おまけしとくから」。古野さんは、ちょっとだけ商売人の顔になって、あれこれ野菜を勧める。

大きな袋を抱えて東京に帰り、さっそく野菜をいただいた。

形は不揃いだが、味はぴかいち。しかも安い。百姓という仕事を心からたのしんでいるから、おいしい野菜や米が育つのだろう。

ダボス会議に招待される博士が丹精込めて育てた野菜は、素朴な幸せの味がした。

第3章

目の前のことに熱中する

1　気がつけば、ふるさと活性のカリスマに

天職は授かるもの？

夢を仕事にする。

言葉の響きはすてきだが、現実にはなかなか難しい。

夢というと、つい大きなことを考えてしまう人も多いだろう。もちろん夢はあったほうがいい。だけど、夢に縛られないほうがいい。アメリカ人はよく「物事は大きく考えろ（THINK BIG.）」と言うけれど、低成長時代に生きる日本人の場合は、はじめから壮大な目標を立ててしまうと、それが重荷になって身動きがとれなくなることもあるはずだ。

〝テレビの申し子〟のような、あの黒柳徹子さんでさえ、「テレビの世界は、どうしてもやりたくて入った世界ではなかった。ただ、目の前にやってくる仕事はおもしろかったし、挑戦のしがいがあった」と、あるインタビューで語っていた。

目の前のことに必死になっているうちに、期せずしてその仕事のなかに、自分のやりたかったこと、夢中になれる〝とっておきの何か〟が見つかる。自分のなかに眠っていた問題意識と共鳴する。

そんな夢との出会い方もあるのではないだろうか。

そこで思い出すのが、この人である。

卓越した技術力でハリウッドも一目置くアニメーション会社、プロダクション・アイジーの社長、石川光久さんは、アニメ・ビジネスに身を置くようになった理由を、「この業界に迷い込んだ」からだと語る。

八七年、二九歳のとき、タツノコ・プロダクションから独立して、アイジーの前身となる会社を設立。以来二〇余年、業界の慣習に縛られない独自の発想で、道を切り拓いてきた。同社が手がけたアニメ映画『イノセンス』（〇四年、押井守監督）は、日本のアニメとして初めてカンヌ国際映画祭のコンペ部門にノミネート。〇五年にはＩＰＯ（新規株式公開）を果たすなど、アニメ・プロデューサーとしても、経営者としても、その手腕は内外に評価されている。

客観的に見ると、この仕事こそ彼の天職ではないかと感じるのだが、もともとアニメーションが好きでこの業界に飛び込んだわけではない。

きっかけは二二歳のとき、アルバイトとしてタツノコに入ったこと。同社は、最近リメイクされて話題になった『マッハGo Go Go』『ヤッターマン』をはじめ、数々の名作、ヒット作で知られる業界の大手だが、石川さんはその事業内容も知らないまま面接を受けたという。タツノコの代表作『科学忍者隊ガッチャマン』を「実写だと思っていた」というのは、のちの笑い話だが、そのくらいアニメには興味がなかったらしい。社名に「プロダクション」とついているから劇団関係の会社だろう、などと考えていたという。

これはかなり異色のこと。通常、アニメ業界を志望するのは、根っからのアニメーション好きや、学生時代から映画をつくっていた、マンガを描いていた、という経歴の人がほとんどだからだ。

じつは当時の彼は「八王子車人形」という人形芝居の一座で修業中の身。タツノコに入ったのは、一座が海外公演で留守の間の〝つなぎのバイト〟のつもりだったのだ。

だが、いつしかこの仕事に夢中になる。アニメーションはそれほど好きではないが、クリエーターは尊敬する。クリエーターが質の高い作品を継続して制作できる環境を整えるのが自分の仕事だと信じ、突っ走ってきたのである。その経緯は、拙著『雑草魂　石川光久アニメビジネスを変えた男』に詳しい。

創業時と比べ、ビジネスの規模は格段に大きくなったが、「ひたむきにコツコツと仕事をしているアニメーターの才能を、なんとか光らせたい。日本のクリエーターの技術の高さを世界に示したい」という思いは一貫している。農家に生まれ育った彼は、真摯に農業に取り組む両親や兄と似たものを、アニメーターに感じているからだ。

ブレない芯があるから、どんな逆境に追い込まれてもへこたれない。「二四時間、仕事のことばかり考えている」ほど忙しくても、仕事がたのしいと思える。

偶然「迷い込んだ」アニメーションの世界だが、そこに「自分なりの働く意義」を見つけたからこそ、いまの彼がある。もっとも、二〇代の頃は突然会社を辞めて放浪の旅に出かけるなど、思いが定まらない時期もあったのだ。

「いまの若い人はラクをしようとする傾向が強いのかもしれないね。最短距離で成功をつかもうと考えている。でも賢く生きようとすると、人生はとてもちっぽけなものになると思う。近道を行こうとすればするほど、じつは遠回りになるんだよ」と石川さんは言う。

二〇代で「やりたいことが見つからない」なんて悩んでいる人は安心してほしい。

天職なんて、自分ではそう簡単に見つけられるものじゃない。

それこそ「天から降ってくるように」授けられるものかもしれないと、いろんな人たちの人生の物語を見聞きして思うのだ。それは、目の前の仕事をがんばった自分に神様がくださる〝ご褒美〟のようなものかもしれないと。

最近読んだ本のなかに、こんな言葉があった。

「自分のキャリアは、バックミラーで見ると辻褄が合っている」

未来へと続く道は、ぼんやりとしていて不安なもの。進んでいる最中は、カーブの先に何が待ち受けているのだろうと心配になるが、振り返って見ると、きちんと筋道が通っているということ。

前向きな気持ちを失わなければ、いくつになっても選択肢はあるし、何が起こるかわからないからこそ、チャンスが生まれる。

私自身を例にとっても、どの道を選ぶべきか、いまだに迷っている。そんな自分を、大学生の頃の私は想像すらできなかった。定めたゴールに向かって一直線に進むことが正しいと考えていたし、周囲もそう期待していたからだ。

だが、いまの私は「寄り道や回り道が、近道になることもある」と知っている。それは人生を重ねた証《あかし》だろう。

グリーンツーリズムの先駆者

眼前の道を懸命に歩んでいるうちに、いつの間にか、その仕事にのめり込んでいた。いままで感じたことのない手応えと働きがいを感じるようになった。

そんな例をさらに紹介したいと思う。

かつて新潟県一の過疎の町といわれた高柳。八〇年頃から深刻な過疎化、高齢化に直面し、町は活気を失っていた。

「このままでは町がなくなってしまう」

そんな危機感から、八八年、商工会議所やJAなど地域の有志から成る「高柳町ふるさと開発協議会」の活動がはじまる。その事務局として奮闘したのが、当時、町役場の総務課企画係にいた春日俊雄さん（一〇年現在は、柏崎市財務部税務課長）である。

「私は単なる役場のヒラ職員。でも『なんとかしたい』という熱い思いは、人一倍持っていましたね」

気がつけば、大きなプロジェクトを先導する立場に。

茅葺《かやぶき》の家、美しい棚田といった昔ながらの農村風景を観光資源にした施策が奏功し、いまでは人口わずか二〇〇〇人弱のこの地域に、年間二四万人もの観光客が訪れる。

春日さん自身も「観光カリスマ」「地域活性化の伝道師」などと呼ばれるようになったが、「私ひとりでやったわけじゃない。地域の人の夢が実現できるよう、お手伝いをしただけです」と、本人はひたすら謙遜するのである。

――まるで『日本昔話』の世界に迷い込んだよう。

柏崎市高柳町荻ノ島の素朴な風景を見たとき、そんな印象を受けた。田んぼを囲むように、茅葺の民家が点在する小さな集落。神社には、樹齢八〇〇年といわれる大杉がそびえる。夏の夜は満天の星空にホタルが舞い、秋の夕暮れには赤とんぼが飛び交う。

都会生まれ、都会育ちの私でさえ、不思議と「なつかしい」「ほっとする」と感じる、日本人の心のふるさとがここにある。

荻ノ島のような茅葺の「環状集落」が残る場所は全国でも珍しいという。しかもここは、観光客向けに保存されたテーマパークのような〝つくりものの村〟ではない。荻ノ島の住民は現在もこの茅葺の家で暮らし、大自然と共に生き、農作物を育てているのである。

マンション暮らしの都会人にとって、一〇〇年以上風雪に耐えた茅葺の家は実に風情がある。だが、古い茅葺の家は、冬は寒く修繕にも手がかかるなど問題も多い。これを観光資源として活用しようという計画がなければ、この美しい集落の姿も、たぶん時代とともに消え去っていただろう。

田舎暮らしに憧れる人が増え、若い世代でも農業がブームになる昨今なら、グリーンツーリズムを売り物にしても驚かない。しかし春日さんたちが活性化に取り組んだのは二〇年以

上前のバブル真っ盛りの頃。古いものを壊し、きらびやかな〝ハコモノ〟を建てることに日本中が熱狂していたあの時代に、「古いものを残して活用する」道を選んだことは卓見といえるだろう。

「村八分」になっても、くじけず

もちろん、その道のりが平坦でなかったことは想像に難くない。

検討会、調査、視察など、「高柳町ふるさと開発協議会」の活動は二年間で二二〇回を数えた。議論に熱が入り、深夜一時頃まで話し合いを続けることも少なくなかったという。

「棚田や茅葺の家の美しさなど、昔ながらの暮らしのよさを掘り起こそう」

そう考えた春日さんら若手グループの意図が年配者にうまく伝わらず、軋轢《あつれき》を生んだこともあった。高柳の人にとって荻ノ島の風景はあたり前のもの。〝負の遺産〟だと思っていた古いものが、都会の人には〝宝物〟のように映ることが理解されなかったのだ。

「わかりやすいハコモノ政策とはちがって、ソフト事業の新しい取り組みはイメージするのが難しい。言葉で説明しても納得してもらえず、『おまえの言うことは〝胸に落ちない〟』と言われましたね」

春日さん自身も荻ノ島集落の住民である。多くを語らないものの、周囲とぶつかり「村八分」にされたこともあったそうだ。比喩ではなく、地域活動から締め出される文字通りの「村八分」。精神的なストレスも相当なものだったという。

それでもくじけなかったのは、門出和紙工房の小林康生さんら、役場の外に支えてくれる仲間がいたからだ。

「仲間に出会えたのは幸運でした。ひとりでがんばってもうまくいかない。人は人からエネルギーをもらう。そんな人との関わりが地域活性の土台になったと思います」

苦労の末、「じょんのび」を中心コンセプトとした「開かれた農山村づくり――住んでよし、訪れてよしの町づくり」の構想が固まった。

「じょんのび」とは、ゆったり、のびのびして芯から心地良いという意味のお国言葉である。「寿命が延びる」から「寿延（じょんのび）」。ひと仕事終えたあと、家に帰ってお風呂に入り、「あぁ〜、じょんのび、じょんのび」と寛《くつろ》ぐときに出る言葉だという。

カタカナ言葉全盛のあの頃に、ひらがなのお国言葉「じょんのび」をキーワードに据えたあたりはなかなかのセンスではないか。最近のスローライフ・ブームを先取りしている。

門出や荻ノ島地区の「茅葺の宿」の整備、特産品の販路拡大に続き、九五年には、宿泊施設や温泉を備えた観光のコア施設「じょんのび村」が全面オープンした。巨額の予算が必要なプロジェクトだけに、このときは春日さんも半年ほど眠れぬ夜が続いたという。

「親戚に『そげんなことして大丈夫か』と心配されて不安になったり、十二指腸潰瘍を患ったり……。人間の弱さを思い知りました。あのときは無我夢中。『俺が町長だ』ぐらいの意気込みでしたし、以前とはエネルギーの出し方がちがった。町長と青筋立てて激論もしましたよ。そのくらいの必死さがなければ、ハードルを越えられなかった。冷静に決められた予算を淡々と執行していた従来の役所の仕事とは、まるでちがいました」

まさに「火事場のバカ力」。人間ここぞというときには、思いがけないエネルギーが湧いてくるもの。「ふるさとの危機を救いたい」との思いが、過疎の村の役場の職員に、大手広告代理店顔負けのアイディアと実行力をもたらしたのだろう。

外の人が扉を開けた

結果は大成功。高柳を訪れる観光客の数は飛躍的に伸びた。結果が出たことで周囲の対応もがらりと変わる。町民からも活発な意見が出て、計画はさらに進化してゆくのだ。

「とりあえず動いてみることが大事だった。そうすれば次の課題が見えてくる。動きながら智恵を出してきたんです」

確かに、何も行動しなければ、何も生まれない。だが、保守的になりがちな山間部の過疎の町で、こうした発想ができたのは驚くべきことではないだろうか。

二〇〇〇年には「優秀観光地づくり賞」で金賞を受賞。内発的な観光開発の先駆けとして内外の評価も高まった。

推計九億円といわれる経済効果も大きいが、何より重要なのは「町民が誇りと自信を取り戻したこと」だと春日さんは考えている。

「外の人に扉を開けてもらった。時代の風にも助けられましたが、地域の人たちが守ってきたものがあったからこそ、うまくいったんです」

かくいう春日さんも町民のひとり。「じょんのびの町づくり」という仕事を通して、ふるさとのすばらしさを再確認したことは、自身にとっても大きな自信や励みになったにちがいない。

荻ノ島にある茅葺の民宿には、外国人も含めてリピーター客が多い。それはひとえに宿泊客の世話をしてくれる〝かあちゃん〟の魅力による。「じょんのび」の居心地のよさは、地域の人々の温かさ、やさしさにもあるのだ。

「お客さんは、理屈ではない安心感を感じるのでしょう。村の人を活かせば地域も活きるんですよ」

田んぼを囲んで広がる集落。周囲の自然と共生し、助け合って生きる人々。囲炉裏端に集って語ることの幸せ。この国が経済成長と近代化のなかで見失ってしまった大事なものの価値に、光をあてたことが成功を導いた。その過程で、春日さんの熱意や誠意が大きな役割を担ったことは言うまでもない。

情熱を持って取り組むこと。「できる！」と信じて、あきらめないこと。

水谷さんら、これまで紹介してきた人たちと同様、そんな働き方が大きな感動や幸せをもたらした。そしてその根っこには「生まれ育った地域のために役立ちたい」という思いがある。人間は「自分以外の人のために働くこと」で強くなれるのだ。

知らず知らずのうちにのめり込んだ地域活性の仕事は、自分の能力や持ち味を発揮できる適職だったのだろう。

私が取材に訪れたときは、柏崎市産業振興部観光交流課長という肩書きで、生き生きと働いていた姿が印象に残っている（高柳町は柏崎市に編入された）。

まもなく定年。「ささやかな夢は、茅葺の自宅の一階で喫茶店を開くこと」だという。穏やかな笑顔で遠来の客をもてなしながら、これからも「地域活性化の伝道師」として活躍されることを期待したい。

2　オーガニックコットンの普及という「気持ちのいい仕事」

コットン栽培の現状に衝撃

「オーガニックコットンを広めたい」

「メイド・イン・ジャパンで、世界一のオーガニックコットンをつくりたい」

そんな思いで全力疾走している元気な女性経営者がいる。

日本におけるオーガニックコットン製造・販売のパイオニア、アバンティの渡邊智恵子社長である。五二年生まれと知って驚いた。そんな年齢とは思えないパワフルさで、ぐいぐい人を惹きつける。

オーガニックコットンを扱いはじめて二〇年。同社では、原綿の輸入から、糸や生地、アパレル製品の企画、製造、販売まで一貫して手がけている。九六年に立ち上げた自社ブランド「ＰＲＩＳＴＩＮＥ」は、伊勢丹や三越など有名百貨店にもショップを持つ。売れ筋は、おしゃれなデザインのベビー用品やインナーウエアだ。

取材の日、渡邊さんが着ていたジャケットの素材もオーガニックコットンと麻を使ったもの。オーガニックコットンの生地には、想像以上に多彩なバリエーションがあるという。

仕事から察して、筋金入りのナチュラリストの女性かと思ったが、あにはからんや。「全然ちがう。環境問題に対する意識は低かったんですよ」と笑う。

オーガニックコットンを扱うようになったのは、ちょっとした偶然からである。

大学を卒業して勤めた先は、自衛隊などに双眼鏡やライフル・スコープを売る光学機器会社。そこで経理を担当していたが、八五年、子会社としてアバンティを立ち上げて独立。貿易の仕事をはじめたところ、九〇年頃、知人から「オーガニックコットンの生地を輸入してほしい」との依頼が舞い込んだのだ。

「オーガニックコットンのことなんて何にも知らなかったけど、『あいよっ！』と、ふたつ返事で引き受けた。それがきっかけでコットン栽培の現状をはじめて知ったんです」

素材としてのコットンにはナチュラルで健康的なイメージがあるが、じつは一般的なコットン栽培には、大量の殺虫剤や除草剤、化学肥料が使われている。しかも収穫時には、枯葉剤を散布して人工的に葉を落としているというから恐ろしい。

地球上の耕地面積の約二・五％しかないコットン畑に、全世界で使われる殺虫剤の約一六％が使用されているといわれ、自然環境への影響や、コットン農家の人たちの健康被害も深刻になっている（Pesticide Action Network, 2007）。

それに対しオーガニックコットンは、農薬や化学肥料を三年以上散布していない畑で有機栽培された綿花のことを指す。牛糞などの有機肥料を使って栽培し、てんとう虫などで害虫を駆除。自然に葉が落ちるのを待って収穫する。

たいへん手間のかかる作業だが、生産者の健康にも、地球環境にも負荷が少ない。また通常の二・五倍という高値で売れ、農薬を買うお金も節約できるというメリットもある。

「気持ちのいい仕事」をしたい

さまざまな事実を知るにつれ、渡邊さんはこのビジネスにのめり込んでいく。

「若かったせいか、見るもの聞くもの、すべてが刺激的でしたね。実際にテキサスに行って、オーガニックコットンを栽培している農場主に話を聞いたことも大きかった。彼らはとても純粋なんですよ。特に『地球の大地は神からの授かりもの。だからきれいな状態で、いつかは神様にお返ししたい』という考えに共感しました。それが仕事を続けるうえでエネルギーになりましたね」

オーガニックコットンの収穫量は、世界のコットン収穫量のわずか〇・七六%。市場を拡げることで有機栽培が広がれば、きれいな地球を子どもたちに伝えることができる。九五年に娘を授かり母になったことで、とりわけ、その思いが切実になったという。

「これが自分に与えられた仕事なんだと自然に思うようになった。同じビジネスをやるなら、気持ちのいいこと、胸を張ってできる仕事をしたいでしょ」

これぞ天職との出会いではないか。

オーガニックコットンを普及させることで地球環境を守る。そんな志があるから、どんな困難にも立ち向かっていける。「気持ちのいい仕事」だから、気持ちよく、たのしく働くことができるのだ。

そして何より扱っている商品が「気持ちがいい」。

思わず頬を寄せたくなるような、ふんわりとしたやさしい肌触り。毎日使うものだから、上質で肌触りが良く、人にも地球にも安全なものを選びたい――そんな欲張りな思いを叶えてくれるのが、オーガニックコットンなのだ。

使命感にも支えられ、日本での市場開拓に邁進してきた渡邊さんだが、阪神・淡路大震災の年は経営的にかなり苦しかったという。

「世間はエコなんて考えている余裕はない。私に子どもができて営業に手が回らなくなったこともあって、売上げは半減しました。経営が軌道に乗ったのは二〇〇〇年頃ですね。でも、苦しいときもみなさんが助けてくれた。『オーガニックコットンを広めたい』という思いに共感してくれたのでしょう。人にだまされることもほとんどありませんでした」

メイド・イン・ジャパンにこだわる

もうひとつ、渡邊さんが徹底してこだわっていることがある。

「日本のものづくりを支える」ということだ。

原料となる原綿は、主にアメリカ・テキサス州から輸入するが、その後の「糸を撚《よ》る」「布に織る」といった工程は、高い技術を持つ国内の工場に依頼している。こうして、絹織物で有名な山形県米沢から、タオルの町として知られる愛媛県今治まで、各産地の特徴を活かした生地が生まれているのだ。

約三五〇種類と、生地の種類も豊富。ふわふわのフェイクファーや繊細なレースもあり、「えっ、これもオーガニックコットン?」と驚いてしまう。

近年のエコ・ブームでオーガニックコットンの認知度は増したが、「どうも野暮ったい」「デザインがおしゃれじゃない」というイメージは根強い。それを払拭しようと、デザイン性を重視した製品を販売してきた。

「これだけのバリエーションがつくれるのは日本だけ。日本の技術はすばらしい。メイド・イン・ジャパンの、洗練されたオーガニックコットンを世界に発信するのが、私の務めだと思っています」

アバンティのビジネスには、環境への負荷が少ない安全な製品を広めることと、日本のものづくりを支えるという、二つのミッションがあるのだ。

〇四年には世界最高レベルの繊維見本市、パリの「プルミエール・ビジョン」に選抜され、有名ブランドの商品に使われるなど、世界的な評価も高まっている。

国際的な価格競争のなか、安い労働力を求めて、海外に製造拠点を移す日本企業が増えているが、付加価値の高いオーガニックコットンなら、少々価格が高くても消費者に支持されるはず。オーガニックコットンを国内で生産することで、危機的な状況にある日本の繊維産業を少しでも手助けしたいという思いもある。

「私たちのビジネスで、一人でも二人でも、職人さんを食べさせることができればすばらしい。それもりっぱな社会貢献でしょ。そのためにも会社を大きくしたいと考えているんです」

もちろん品質にも妥協はない。通常は糸や生地に加工する工程で使用する、化学合成のりや塩素系漂白剤などの化学薬品はできるだけ使わない、という厳しい生産管理を徹底。そのため肌への刺激も少なく、アトピーの人や赤ちゃんのデリケートな肌にも安心だ。

染色はせず、自然の生成りと、ブラウン、グリーンという天然のカラードコットンの色だけで商品を展開しているのも、こだわりのひとつ。昔ながらの「布おむつ」や「反物のさらし」を現代的なセンスで復活させるなど、忘れ去られた〝古きよきもの〟の価値を甦らせることにも重きを置く。

年商も伸びており、〇八年には一〇億円の大台に乗せた。

「社員には、つねに切磋琢磨することを求めています。お金のために仕事をするような人はいりません」ときっぱり。

社員の年齢は幅広く、六〇歳以上の社員が四人、七〇歳近い販売スタッフもいるという。

「会社はもうひとつの『家』だから、老若男女がいるのが自然だと思うのです。二ヵ月に一度は、食べ物を持ち寄って「お誕生会」を開いたり……これをみんなに食べてほしいという気持ちが大切なんですよ。最近のジジ・ババは元気だし、彼らのノウハウはすごい。それを若い社員に伝えてほしいですね」

日本ではほとんど栽培されていないオーガニックコットンの原綿をつくりたいと、〇九年から長野県小諸市で綿花の栽培をはじめた。

そこに本社を移す計画もあるという。

「名づけて『アバンティ村』。農場の畑でとれた野菜を皆で分け合って食べたり、ヤギを飼ったりできれば……」と、夢は広がる。

オーガニックコットンとの出会いによって、サスティナブルな社会を実現したいという意識も高まった。

オーガニックコットンが教えてくれた、仕事のおもしろさ、働くことの意義。それが渡邊さんの人生を、より豊かなものにしてくれたのではないだろうか。

3 「何もない」北国の山村で、奇跡の町おこし

人より牛が多い町

岩手県葛巻町は周囲を山に囲まれた高原の町である。

人口わずか七八〇〇人。四三五平方キロメートルの面積の八六%を森林が占める。基幹産業は酪農と林業。乳牛の数は約一万一〇〇〇頭だから、人間より牛の数のほうが多いことになる。ご多分にもれず過疎化、高齢化も深刻である。

冬は、あたり一面雪に覆われ、気温がマイナス二〇度になることもある。温泉も出なければ、スキー場も、ゴルフ場も、リゾートホテルもない。

そんな、何もない北国の山村に、いまでは年間約五〇万人もの観光客が訪れるという。

「北緯四〇度　ミルクとワインとクリーンエネルギーのまち」

それが葛巻町のキャッチフレーズである。観光客の目当ては、公共牧場「くずまき高原牧

場」での酪農体験や、新鮮な牛乳、チーズ、ヨーグルト、ワインなどの特産品だ。また、九九年から風力発電などのクリーンエネルギーも積極的に導入しており、山々を背景に、巨大な白い風車が、牛たちを見下ろすように回る景色も絵になっている。

奇跡のような成功例に学ぼうと、全国の自治体から、年に約二五〇組もの視察がやってくる。現在この葛巻町を率いているのが、鈴木重男さんである。

もともとは葛巻町役場の職員。八〇年からワイン事業の立ち上げと再建などに奔走し、その実績を買われて、〇七年、町長に就任した。

「町長になったのは自分としては意外でした。そんなつもりはなかったんです」

そう控えめに語るが、〝葛巻のトップセールスマン〟としての活躍はよく知られるところ。取材時も、お茶やコーヒーではなく、町自慢の「くずまきヨーグルト」がテーブルに。「これを毎日飲むと、お肌がツルツルになりますよ!」とPRに余念がない。

職員数の削減などの課題に取り組むが、いちばん難しいのは職員のやる気を喚起することだと打ち明ける。

というのも、行政の職員には「何もやらないほうが得だ」という意識が染みついている。やってもやらなくても給料は同じだし、たくさん仕事をすれば失敗するリスクも増える。だが、そんな姿勢では、この厳しい時代を乗り切れない。

「どんな組織でもトップの情熱とスタッフのやる気が必要。そして決してあきらめないこと。『誇りの持てる町にしよう』と職員に呼びかけています」

見るからに、町長というよりは北国の中小企業の熱血社長。実直そうな人柄も透けて見える。だが意外や意外、そんな鈴木さんも、若い頃はあまりやる気のない職員だったという。

「最低限の仕事しかせず、青年会活動ばかりやっていました。いまならば許されない、クビでしょう（笑）。その後、いろんな人に出会って刺激を受け、育てられたのです。そういう意味で私は恵まれていた。それが自分の財産ですね」

最初から大きな志を持っていたわけではない。この人も、走りながら「大事な何か」をつかんだのである。

「夢など持つ必要もない」と思っていた新人時代

七三年に葛巻高等学校を卒業し、親や周囲の勧めで町役場に入った。

「自分が入りたかったわけではないんですよ。そもそも、役場は何かをやりたくて入るところではない。二〇代の若造に何ができるわけでもないし、夢や目標など持つ必要もない、とさえ思っていましたね」

流されるまま過ぎていた日々に、転機が訪れる。

林業を担当していた二五歳のとき、当時の高橋吟太郎町長の命を受け、東京・国立市の農業科学化研究所でワインづくりを学ぶことになったのだ。

「『ミルク（酪農）とワイン（山ぶどうと林業）の町にしたい』という、高橋町長の夢が出発点です。企業誘致もうまくいかなかった葛巻では、七〇年代半ばから酪農の町づくりを進めていた。その目処《めど》が立ったところで、町長が山に自生する山ぶどうでワインをつくる事業を思い立ったのです」

とはいえ、鈴木さん本人はワインなど飲んだこともないし、何の知識もない。突然の辞令に、戸惑いはなかったのだろうか。

「好きだろうが嫌いだろうが、行けと言われたところに行かなければいけないと思っていた。それが仕事だと。当初は私自身、責任もそれほど感じていなかったんです」

多くの町民同様、心の底では「ワインなんて何てバカなことを……うまくいくはずがない」と考えていたという。だからこそ、プレッシャーも少なかったのかもしれない。

池田町「十勝ワイン」をお手本に

二〇代の若者ひとりに新規事業の命運を託すとは、かなり思い切った采配に思えるが、なぜ彼に白羽の矢が立ったのか。

「ワインづくりが成功するかどうか、高橋町長も不安だったのでしょう。だから失敗しても町の損失が少ないよう、若い人間を出したのだと思います」

本人はそう分析するが、若い人ならほかにもいるはず。おそらく、青年会で大規模な興行を成功させる彼の姿に、町長は起業家マインドを見出したのではないだろうか。

期待通り、一年余りの研修を経て、鈴木さんは変わっていく。

ぶどうの育種家として有名な澤登晴雄・研究所所長に、鍬《くわ》の使い方から厳しい指導を受け、「行政のぬるま湯にどっぷり浸かっていた自分」を深く反省するのだ。

また、醸造の研修で「十勝ワイン」を成功させた北海道池田町に行ったことも大きな刺激となった。ワイン城を中心とした町づくりや、観光客が大型バスで次々にやって来る繁盛ぶりにも目を見張ったが、いちばん驚いたのは町の職員の意欲的な仕事ぶりである。

「ワインづくりに賭ける情熱に感心しました。『まぁこの程度でいいんじゃないか』と考えるのが行政マンなのに、池田町の職員は、『もっといいワインをつくろう!』と熱心に議論している。知識のレベルも高い。こんなに生き生きと仕事をしている自治体もあるんだ、自分もがんばらねば、と思いましたね」

こうして彼のやる気に火がついたものの、そこから先は『プロジェクトX』ばりの苦難の道が待っていた。

何しろ葛巻には食用やワイン用のぶどうの木が一本もなかったのだ。しかも、町民には「ワインは酸っぱくてまずい」という認識しかなく、お酒は日本酒かビールしか飲まない。そんな状況下で、ワインづくりをはじめたのである。

この事業で町おこしをしたい、葛巻町を池田町のようなワインの町にしたいと、本人は希望に燃えていたが、周囲の反応は冷ややかだったようだ。

八一年春、葛巻に戻り、自生の山ぶどうを採取して、苗木をつくる作業に取りかかる。育てた苗木を農家の人に頼んで栽培してもらうのが次のステップである。

同時に、外部からおいしい白ワインを取り寄せて原価で販売するなど、町民にワインのたのしみ方を知ってもらうための策を練った。

八三年の自身の結婚式には、わざわざ出席者分のワイングラスを購入して、ワインで乾杯するという熱の入れよう。そう、なんと町にはワイングラスさえなかったのだ。葛巻町の結婚式でワインで乾杯したのは、もちろん鈴木さんがはじめて。「ワインかぶれ」と揶揄《やゆ》されても気にせず、ドン・キホーテよろしく、目的に向かってまっしぐらに突き進んで行ったのである。

「どん底の底はない」と再建に取り組む

苗木も育ち、醸造のためのワイン工場も完成。いよいよこれから……というときに、鈴木氏はワイン事業を離れ、畜産開発公社に移る。その後一〇年間は、公社でシイタケの栽培や肉牛の売買の仕事に携わったのである。

葛巻町には、複数の第三セクターがある。

酪農家から仔牛を預かって育てる事業を中心に、公共牧場を運営管理し、牛乳・ヨーグルトなどを製造販売する社団法人・葛巻町畜産開発公社（七六年設立）、ワインを製造販売する葛巻高原食品加工㈱（八六年設立）、宿泊施設を運営する㈱グリーンテージくずまき（九二年設立）などで、近年はそのすべてが黒字経営なのだ。

高収益を上げたときは町に寄付も行っており、Uターンや I ターンをした人の雇用の受け皿にもなっている。経営難に陥る第三セクターが多いなか、これもまた〝葛巻の奇跡〟といえるだろう。

ただし、第三セクターの経営が厳しい時期もあった。

九五年、常務取締役として鈴木さんが再びワインの仕事に戻ったときも、経営状態は惨憺たるものだったという。

当時の町長に命じられて経営再建に着手したが、内情を知って愕然とする。

「七五〇〇万円の売上げに対して、借金が一億一一〇〇万円もあったんですよ。普通の企業なら潰れている。でも『どん底の底はない』と考え、営業と醸造に力を入れました。ピンチにぶつかれば、自ずとアイディアは出てくるんです」

最大の問題は「『くずまきワイン』は高くてまずい」という風評が広がっていたことだ。ワインはおいしくなったのに、悪い評判のせいで、いくら営業をしても相手にしてもらえない。

そこで客のふりをして盛岡市の酒屋を回り、ワインを注文、自腹で購入する作戦に出た。客から注文があれば、店は一箱単位で仕入れる。残った一一本のワインは他の客に売らねばならないため、「あのワインは手頃でおいしくなった」と店が宣伝してくれると踏んだのである。

また、「借金を返して、葛巻一の企業になろう！」と従業員を鼓舞。経費を節約するため、社内のトイレ掃除も常務自ら率先してやった。会社の宴会では飲み物はワインだけと決め、バーやスナックに行く機会があれば、置いていないのを承知で「『くずまきワイン』はありませんか？」とたずねることを習慣づけたのである。

そんな努力が実って借金を完済、四年間で売上げを約五倍増やすことに成功する。

「皆が一丸となることが大事。『どこにも負けない会社になろう』と、ともに夢を語って結束した成果ですよ。『こうなりたい』という夢があるから知恵が出る。挑戦できる環境があったことはありがたかった。私も四〇代前半の働き盛りで、思いっきり仕事ができたんです」

口コミでおいしさが広がればお金をかけずに宣伝ができると、苦肉の策ではじめた手づくりのワインパーティーも、のちに町をあげての大イベントになるほどの成功を収めた。

九九年にはワイン事業を離れ、畜産開発公社に戻って専務理事に就任。チーズやパンの製造などの新規事業や交流体験事業の強化に取り組み、売上げを八億円弱から一二億円に伸ばしたのである。

「時代遅れ」が最先端に

手つかずの大自然がグリーンツーリズムでは武器になるなど、これまで〝時代遅れ〟だと思われていた葛巻の資源が、いま時代の最先端を走っている。

健康志向によって、鉄分を多く含む山ぶどうワインやジュースに付加価値がついたのもその一例だ。環境問題への関心や循環型社会に対する意識の高まりで、葛巻では以前から使われていた、炭や薪、不用な木の皮を原料とする「木質ペレット」による暖房も見直されている。

リゾート開発ブームに乗れなかったこと、何もない町だから、あるものを活用しようと知恵を絞ったことが、結果的には幸いしたわけだ。

前町長が力を入れた、風力、バイオマス、太陽光発電などのクリーンエネルギー政策によって、いまでは約八〇％というエネルギー自給率（熱量換算）を誇る。苦しんだ時期はあったものの、歴代町長の夢はいま、大きく花開いたといえるだろう。

「環境やエネルギー、食糧の問題がクローズアップされるなかで、とり残された山村が脚光を浴びるようになった。環境も食糧も再生可能エネルギーも新しい取り組みではなく、私たちが昔からやっていたこと。それが時代にピタッと合ったんです。これからは、エネルギーまですべてを賄う、地域完全循環型の食糧生産基地をつくることをめざしたい。ガス、電気を使わず、地中熱を利用して部屋を暖める『ゼロ・エネルギー住宅』のモデルも建設しました。都会からの定住希望者も、積極的に受け入れていくつもりですよ」

行政マン時代の鈴木さんは、歴代町長の夢を実現するために奔走してきた。

やりがいのある仕事があれば人は変わる。

いまにして思えば、ワインを飲んだこともない林業担当の青年を町の命運を賭けたプロジェクトに抜擢したのも、それを決めた町長に先見の明があったということだろう。ヘタな専門家を外部から招いたりせず、〝あるものを活用した〟ことが奏功したのである。

それも、町の将来を思う本人の純粋な気持ちがあってこそ。「やるべきこと」に目覚めたことで、町役場のヒラ職員が思いがけない力を発揮したのである。

自分の仕事に〝情熱を注ぐに値する意義〟を見つけた人は、やはり幸せといえるだろう。

これからは自分の夢、町民の未来のために働くことで、さらなる飛躍をしてほしい。

第4章

新しい時代の「幸せな働き方」を見つける

1 ほしいのは心を満たしてくれるもの

お金では、もう幸せになれない

ここまで、さまざまな職業の「働く幸せ」の物語を紹介してきた。紹介したすべての人が従来の意味の「成功者」ではないかもしれない。

だが、第1章で書いたように、仕事を通じて感動や幸せを感じ、「自分らしくあること」を貫くことが成功のひとつの形だと考えるなら、彼らは紛れもない成功者である。

いま私たちは、大きな価値観の変容を経験している。

これまで成功者といわれる人は、仕事で得たお金で高級なものを買い、高級な家に住むことに幸福を見出していた――いや、それが幸福だと思い込もうとしていたのかもしれない。そして成功者を夢見る人も、そんな豪奢な生活に憧れて、日々働いていたのである。

だが、戦後の貧しい時代を知らない世代が増えるなか、豊かな生活に慣れてしまった私たちは、お金で物欲を満たすことに以前のような価値を感じなくなった。

お金が幸せのバロメーターにも、仕事のモチベーションにもならないと知ってしまったのだ。

特に、二〇代、三〇代前半の若い人たちに、この傾向が顕著だ。「渇望する」ということを知らずに育った彼らには、物欲も消費欲も〝鼻先のニンジン〟としての役目を十分に果たさないらしい。

ミシュランで星を取るような高級レストランに行くのは、ほとんどが四〇代以上の人たちである。彼らにとって、グルメという贅沢は価値のあるものだが、若い世代の感覚はまったくちがう。「お金がない」という事実だけでなく、有名店でおいしい料理を食べるという行為に、それほどの意味を見出せないのであろう。若者向けのクルマが売れなくなったのも同じ理由である。

日本生産性本部が〇九年の新入社員を対象に行った調査では、「（人より多く賃金を得なくても）食べていけるだけの収入があれば十分だ」と回答した人が四七・一％と全体の半数近くを占め、過去最高となったという。

旧世代に比べて、ものを所有することへの執着も薄い。新品を所有するより、必要なときだけレンタルすればいいという発想は、エコであると同時にお金も節約できる。ネットオークションやリサイクル店を積極的に利用したり、古着をおしゃれに着こなすことも、「お古」に対する抵抗が少ないことの表れだろう。

同じ先進国でも、私の住んでいたアメリカ、特に移民の多いニューヨークでは貧富の格差が激しく、贅沢な生活に対する憧れや上昇志向も健在だ。しかし、総体的に平和で豊かな日本では、「ハングリー精神」なんて言葉は、もはや死語と化してしまったのかもしれない。

それはそれで構わないのではないか。考えてみれば、ものを所有したり消費することで得られる幸せは刹那的なもの。栄養ドリンクでかりそめの〝元気〟をチャージするようなものだ。

大切なのは、自分の内側から湧きあがる「達成感」「わくわく感」「社会に貢献していると いう充実感」ではないだろうか。それが自分の滋養となり、明日への活力となる。

物に恵まれた日本で、いちばん満たされていないのは私たちの心ではないか。

仕事を通じて手に入れたいのはお金だけではない。

自分を成長させてくれる環境、誰かの役に立っているというやりがい、職場が変わっても自分の財産となるような人と人とのつながり――貨幣という尺度では測れない、そんな〝無形の宝〟の価値に、私たちはようやく気がついたといえるのかもしれない。

愛じゃ食えない？

第1章で紹介した水谷孝次さんは、こうした考え方を先取りしていたといえる。

一流のアートディレクターというと、最先端のファッションに身を包んだ、スタイリッシュなライフスタイルを想像するが、水谷さんの生活はいたってシンプルだ。

「バブルの頃から、きれいな家にもクルマにも興味がなかった。食事はうどんでいいし、服はユニクロでいい。酒も呑まないし、タバコも吸わない。MERRYをはじめて世界を旅するようになったら、粗食のせいか、健康になりました」と話す。

自分の給料は月五万円くらい。事務所の経済状況を考えると、それでももらいすぎだと思っているが、「ゼロってわけにもいかないから」。

が、ものは考えよう。事務所の屋上に設けた菜園「MERRY GARDEN」で収穫した新鮮な野菜もある。ある意味、贅沢な生活である。

そして何より「愛」がある。

彼の半生そのものが「人生における幸せとは？」「幸せな働き方とは？」という答えを見つけるための〝旅〟ではないかと、前に書いた。

父の背中を見て、「世の中を変えてやる」と誓った三歳のとき。

デザインという山の頂をめざすことに全身全霊を傾けた二〇代の頃。

ソーシャル・デザインと出会ってからは、人々の幸せや地球の平和をデザインする、という仕事そのものが、彼の幸福になったといえるだろう。

何もあげるものがないなら、笑顔とやさしい言葉をあげなさい。

そうすれば、笑顔とやさしい言葉が返ってきます。

「和顔愛語」の精神そのままに「ＭＥＲＲＹ　ＰＲＯＪＥＣＴ」に取り組む水谷さんの日々は、「笑顔」と「やさしい言葉」という贈り物で満ちている。

「お金」はないが「愛」がある人生。言い換えれば、「お金」では買えない大切なものを、仕事を通じて得ているということだろう。

「いい仕事をしたい。いい夢を見たい。そういうことに時間とエネルギーとお金をかけたいんです。『愛じゃ食えない』って言われるかもしれませんが、『愛』本位のクリエイティブ・デザインが生まれて、それがビジネスとして成立することが大事だと思います。おいしいものを食べたり、きれいな風景を見るより、仕事のほうがたのしい。仕事ほど、たのしいことはないですよ」

水谷さんの場合、「ワーク」と「ライフ」は完全にひとつになっている。

やりがいのある仕事自体が自分への〝報酬〟であり、〝心の栄養〟なのだ。

彼の生き方をヒントに、二一世紀の「幸せな働き方」について、もう少し考えてみよう。

2 「世の中を変えたい」。そう思うから強くなれる

人のためだから、がんばれる

水谷さんと話していて、まず感心するのは、彼が仕事に莫大なエネルギーを注ぎ込んでいることである。

毎日、夜中の三時、四時まで事務所に残って仕事をこなす。自宅に戻っても寝るだけ。土日も休めないから、自分のために使える時間はゼロ。五一年生まれの彼にとっては、体力的にもキツイはずである。

情熱があるからいい仕事ができるのか、おもしろい仕事だから情熱を注ぎ込めるのか——。鶏が先か、卵が先か、わからないが、おそらくどちらも正解なのだろう。

そこまで自分を突き動かす原動力は何なのか、改めて問うてみた。

「自分でもよくわからないんですよ。確かにたいへんだし、なんで毎日、夜中までこんなことやってんだ？って思いますからね」と、しばし考え込む。

「でも、基本的に僕が動かなければ、コトが動かない。だから、やらなきゃって思うんです」

もちろんベースには、「世の中を変えてやる」と決心した、三歳のときの原体験がある。一枚のポスターが、自分のデザインが、世の中を変えるかもしれない。世界に革命を起こすかもしれない。そう考えることが救いになるし、エネルギーになる。社会に役立つ仕事、平和をもたらすような活動がしたい、との思いが、自分を駆り立てているのだ。

「誰かの役に立っている」という自負は自分を強くする。

他人を幸せにするためなら、人間はいくらでもがんばれるからだ。

人のために行動することが、巡り巡って自分を幸せにする。まさに「メリー・ゴー・ラウンド」である。

その〝法則〟は、「コウノトリ育む農法」を推進した西村さんや、ココ・ファーム・ワイナリーをつくった川田さんはじめ、本書で紹介したすべての人にあてはまる。

「自分が、自分が……」という姿勢では、いくら情熱があっても燃え尽きてしまう。

「人間はひとりでは生きていけない」とはよく言ったもの。

困難があっても心が折れてしまわないのは、人のために役立ちたいという気持ちや、自分を支えてくれる人との絆があるからなのだ。

地位を守るのではなく、攻めの姿勢で

「う～ん、それと可能性に対するロマンかな。もしかすると、世界一の写真家や小説家になれるかもしれない……なんて夢想してしまうんです。自分も知らない自分の才能を発見したい。未来に向かって何かをすることには、人一倍貪欲なんです」

知らなかった自分をもっと見てみたい、新しい何かをやってみたい。

いくつになっても、そんな好奇心を持ち続けている。

要するに、「守り」ではなく、つねに「攻め」の姿勢でいるということ。

だからいくつになっても「わくわく感」を持ち続けていられるし、新鮮なモチベーションを維持できる。

地位やお金も「一度手にしたからこそ、執着する」というタイプの人もいるが、水谷さんは、〝先生〟などと崇め奉られることに違和感を覚えるという。
「何かを守ることはどうでもいい。それよりも、未来を向いて、新しいことに挑戦したい。〝頂点を極めた〟なんて意識はありません。何をもって頂点とするのかわからないし、だいたい広告業界とか、そんな狭い範囲の話には興味がないんです」

一般的に考えても、社会的な地位や肩書きは、以前ほどの「ありがたみ」を持っていないといえる。もともと男性ほど権力志向が強くない女性は言うに及ばず、若い世代にもこうした傾向が強いようだ。前に紹介したように、新入社員の約半数が「食べていけるだけのお金があればいい」と思っているのだから、出世を望んでいるとは考えにくい。

それも当然のこと。低成長時代に入って企業の業績が停滞するなか、成果主義による金銭的報酬や昇進で社員のやる気を引き出すことも難しくなりつつある。「名ばかり管理職」が問題になったように、出世したからといって、給料が上がるかどうかもわからないのだ。

そもそも、お金や肩書きといった外面的な動機づけは、仕事に対する態度を変えることはできない。給料が下がると誰もが怒るが、少しくらい上がっても、その仕事を急に好きになるわけではないという調査結果もあるという。自分の経験に照らしてみても、それは納得がいくのではないか。

新しい何かを生み出すような創造的な仕事には、外部からではなく、やはり自分の内部から湧きあがる情熱が必要なのだ。

3 「自分ならできる！」が不可能を可能にする

行動を起こして、結果を出す

ストイックなほど自分を追い込んでいる水谷さんは、崖っぷちを裸足で全力疾走しているような印象を受ける。

「過去に満足せず、つねに謙虚でありたい。安定は求めていないので、明日はどうなるのかわかりません。だからこそ、悔いが残らないよう生きているつもり。一日一日ベストを尽くして、自分が納得すること、やりたいことをやる……明日死んでもいいと思うくらいにね」

さらにすごいのは、結果を出していることだ。

先に紹介したように、彼はこれまでに「やりたい！」と思ったことを一〇〇％実現させている。

超難関の日本デザインセンターに入社したこと、立ち上がって間もないMERRYの展覧会を「ラフォーレ・ミュージアム原宿」で開いたこと、北京オリンピックの開会式に笑顔の写真を提供したこと……どれもこれも、常識的に考えれば不可能に思えることばかりである。

夢を見るだけ、ベストを尽くすだけでは、そんな結果は出ない。そこには冷静に練った戦略があり、マーケティングがあるという。

本人いわく「ときには悪知恵を働かせて、非常識極まりないことをする」ことも。日本デザインセンター時代には、大きな仕事をやりたい一心で、何度も永井社長を会議室に呼び出して、「部署を変えてほしい」としつこく直訴したそうだ。

普通に考えればかなり大胆な行動だが、「鈍感だから、案外、平気だったんですよ」と笑う。いい意味での鈍感力。それも彼の武器である。

訴え続けても、すぐに好反応が返ってくるわけではない。絶望的な状況にあっても熱い情熱を持ち続けていられるかどうかも、分かれ目であろう。

「最終的には自分との闘いだと思う。『もうダメだ』とか、グダグダ言ってるだけじゃ、何もはじまらない。具体的に行動しなくちゃ。あきらめずに訴え続けていると、神様の采配で、そのうち歯車が動きはじめる。世の中、捨てたものじゃないんですよ。どこかにちゃんと見てくれる人、救ってくれる人がいるんです」

チャン・イーモウ監督を動かし、中国を動かした〝執念の人〟の言葉には、なるほど説得力がある。

水谷さんだけではない。

四面楚歌になってもくじけなかった西村さん、「村八分」の憂き目にあっても、ふるさと再生の道を説き続けた高柳町の春日さん、完全無農薬の有機農法の技術を完成させるため一〇年間も試行錯誤を続けた古野さん、日本酒とビールしか知らない町民に、粘り強い努力でワインのおいしさを広めた鈴木さんなど、決してあきらめないことが道を拓いたのは、ほかの人も同様である。

エジソンとの共通点＝鈍感力

常識的に考えれば無理だと思うようなことも、なぜか「自分ならできる！」と思い込む。そして絶対にあきらめない。ジャンルを問わず、何かを成し遂げるような人には、そういうタイプが多いという。

発明王・エジソンも、かの松下幸之助も、失敗を失敗と思わない図太さがあったようだ。つまり「成功する前にあきらめてしまうから失敗する。成功するまでとことんやり続ければ、失敗はしない」と考えていたのである。

エジソンはこう言っている。

人間の最大の弱点は、あきらめてしまうことである。

成功するための最善の方法、それはもう一度試みることである。

この言葉は、水谷さんの生き方にもぴったりあてはまる。「やりたいことを一〇〇％実現させてきた」とは、言い換えれば「やりたいことが実現するまで、決してあきらめなかった」ということなのだ。

それを支えるのが、自分の将来について「肯定的に錯覚する」という能力のようだ。「どうせ自分はこの程度。うまくいくはずがない」。そんなふうに自分の未来を否定的に捉えると、思ったとおりの冴えない自分にしかならない。だが、「自分ならできる！」と思い込み、そのための努力を怠らなかった人は、思い描いた理想の自分に近づくことができる。うまくいかないことを、他人や社会の責任に転嫁することもない。

人間とは、自己暗示に大きく左右されるものらしい。

誤解がないよう付け加えておくと、水谷さんが、そんな能力開発法をどこかで聞きかじっていたわけではない。

やむにやまれずとった行動や、過去の成功体験から学んだやり方が、自分のポテンシャルを最大限に活かす方向に働いた、ということだろう。

先にも書いたように、あらゆる分野でイノベーションが必要とされるいま、高度成長期のような言われたことを忠実にこなすだけの社員は必要とされていない。

突拍子もないほど革新的な何かを生み出すクリエイティビティや、常識を覆す突破力は、「自分ならできる！」という根拠のない思い込みでもなければ育たないのではないか。

そう考えると、肯定的錯覚や鈍感力も、二一世紀の幸せな働き方の必須能力といえるのかもしれない。

まず自分から起き上がる

「迷ったら、企画書でも、作品でもいいから、とにかくつくる。失敗しても、恥かいてもいいから、つくる！　月給が七万円の頃、賞に応募するために一〇〇万円もかけてポスターをつくり落選したことも、無駄だったとは思っていません。三年後か五年後かわからないけれど、そのアイディアが活きるときが必ず来る。人生なんて、ある意味、短いんだから、一分一秒を大切にして階段を登らないといけない」

そう水谷さんは力を込める。

「僕はモノをつくる能力が突出しているだけで、交渉力もないし、人に会うのも苦手。男子ばかりの工業高校出身だし、じつは引っ込み思案なんです。『MERRY PROJECT』では自分で撮影もしていますが、女性のポートレートを撮るなんて、本来は得意じゃない。でも、やらなきゃ前に進めない、この思いを通せないのなら『やろう!』と。そこを乗り越えると、なんとかなるんですよ」

仕事でも人生でも、一歩でも先に進むことを身上としてきた彼には、「できない言い訳ばかりしている」いまの日本社会、とりわけ若い世代の横並び志向が、ひどく歯がゆく映る。

「結局は自分自身の問題かな、と。それぞれがすばらしい才能を持っているはずなのに、なぜ若い人はオンリーワンになりたがらず、みんなと一緒、均一をめざすのでしょうか。こういう難しい時代だからこそ、チャンスかもしれないのに。自分のしたいことが見つからないのなら、好きなこと、得意なことを仕事にすることを考えればいいんですよ。サッカーが得意なら、それを生かして起業するとか、教育プログラムをはじめるとか……。〝世界にひとつだけの花〟を咲かせるくらいの気持ちで、ガツンとぶつかってほしいですね」

若手の社会起業家たちの集まりに招かれたときも、彼らの本気度が見えずに、失望したという。やりがいのある仕事を求めながら「冒険はしたくない」という安定志向は、本来のベンチャー精神と相反するものだ。

「『趣味で社会貢献をやってます』といった感じ。覚悟があるとは到底思えなかった。それじゃあダメ。人も動いてくれません。僕なんか、まさに命懸け。崖っぷちギリギリで仕事をしていますからね。クリエイティブも同じで、絶体絶命のところに追いつめられるから、火事場のバカ力が出る。安全な場所にいて、社会的起業だ、社会貢献だと、のんびり構えているようでは成功しない。世の中はそんなに甘くないですよ。起業って、言葉のとおり、まず自分自身が起き上がること。そしてそれをカタチにすることだと思います」

誰しも、人生には「ここ一番！」という踏ん張りや、清水の舞台から飛び降りるような覚悟が必要なときがあるはずだ。

特殊学級の子どもたちの教育のために、自分の資金で山を買ってしまった川田さん、シングルマザーで生活はラクではないのに、起業を即決した「インテグレックス」の秋山さん、オーガニックコットンに惚れ込んで事業を方向転換した渡邊さんなど、大きな決断をするときは、相当なリスクを背負うもの。

でも、行動を起こさなければ、何もはじまらない。

卵を割らなければオムレツはつくれないし、買わなければ宝くじはあたらないのだ。

社長室に企画書を持参せよ

会社員でも、自分から行動を起こすことの大切さは同じ。待っているだけでは、チャンスは巡ってこない。

「社内でやりたい仕事ができない」と悩む若者に、水谷さんはこうアドバイスする。

「昔、うちの事務所で働いていた女性が、ドイツのメーカーの日本支社で営業をやっているんですよ。でも、彼女は本社でのマーケティングか広報の仕事を希望している。なので、どうしても異動したいのなら、上司に手紙を書くなど具体的に行動しなさいと言ったんです。まあ、僕が彼女の立場なら、休暇を使ってドイツに行って、本社の社長に直訴しちゃいますけどね（笑）。それは無理でも、本社の社長室に企画書を置いてくるくらいはしてもいいと思う。そうすれば『日本支社にはおもしろい社員がいる』と評判になって、もしかしたら本社に呼んでもらえるかもしれない。会社のために企画を考えたりする社員を、経営陣が嫌がるはずはありませんよ」

無謀だと思っても、あたって砕けろ。

「空気を読む」ことに必死になって、行動する前に「できない」と思い込んだり、「どうせ負け組だから」とあきらめたりしない。そして「できない」ことを、他人のせいにしたり、社会の責任にしたりしない。

相手が誰であれ、「自分ならできる！」という肯定的錯覚と鈍感力を武器に、勇猛果敢に闘いを挑むのが水谷流の生き方なのだ。

「若い人が妙にドライなんですよ。僕らの世代のほうがピュアだし、ロマンがあった。まあ、おじさんはいつの時代も、そう言うのかもしれないけど……。若い世代から〝愛のある起業家〟が生まれてほしいですね」

4　新たな時代の幸福論「ＭＥＲＲＹ主義」

お金ではなく、ＭＥＲＲＹのために

働き方は、その人の大切にしている価値観を表す。

仕事は自分自身の生き方を映す〝鏡〟のようなものといえるだろう。

水谷さんの仕事観は、高度成長期のモーレツ仕事人間にも似ているし、「失われた一五年」世代の社会貢献志向とも合致する。


惜しみなく注ぐ情熱。

未来を拓く「攻め」の姿勢。

「自分ならできる！」という思い込みと鈍感力。

成功するまで決してあきらめない執念。

「笑顔のパワーで世の中を変えたい」という信念。

そして「ライフ」と「ワーク」が一致した生き方。

そう並べてみると、右肩上がり時代の「成功の法則」のようだが、いわゆる〝成功〟の指南をするのが本書の意図ではない。

繰り返しになるが、水谷さんが求めてやまないのは、お金でも、出世でも、権力でもなく、「仕事を通じて得られる人生の感動や幸福」である。それは「愛」ともいえるし、「MERRY」と言い換えることもできる。

「自分の仕事をたのしむ。その仕事が人を幸せにして、少しでも社会の役に立つのなら最高でしょう」

そう水谷さんは言う。

それが二一世紀、低成長時代の理想の働き方なのかもしれない。

GDPに代わる幸福指数の開発

私たちが知りたいのは、あらゆる職業に共通する「幸せな働き方」の法則である。

もちろん、個人にとっての「幸せ」「幸福」を定義するのは難しい。だが、少なくとも「住んでいる家の評価額」や「年収の額」で測れるものでないはずだ。

国家も同じこと。私たちはこれまで「GDP（国内総生産）」の伸び率に一喜一憂してきた。しかし、低成長時代に突入した先進国の成熟社会では、社会の豊かさや進歩の度合いを経済成長率だけで表すのは無理がある。

GDPはあらゆる経済活動の総計なので、犯罪が増えて対策費が増大したり、大気汚染のせいで医療費がかさんでも数字は伸びる。それは国民の幸せを測る指標として適切ではないだろう、というわけだ。

実際に一人あたりGDPが一万ドルを超えると経済成長と国民の幸福度は比例しなくなるという。物質的な豊かさが満足度に結びつかない、経済が発展してもみんなが幸せになれない「幸福のパラドックス」が起きることは、周知の事実なのだ。

そこで、新たな経済指標をつくる動きが世界で広がっている。

先鞭《せんべん》をつけたのはフランスである。ノーベル経済学賞を受賞した著名な経済学者、ジョセフ・スティグリッツ教授とアマルティア・セン教授がまとめた研究報告書をもとに、〇九年秋、サルコジ大統領が「GDPの計算方法を見直して、幸福指数をつくろう」と提案し、話題になった。両教授が提唱するのは、生活の質（長期休暇の日数、平均寿命、医療サービスの水準など）や、持続可能性（環境保全など）を反映した、新しい経済指標の導入である。

ＧＤＰに代わる指標としてよく知られているのは、ブータンの国民総幸福度「ＧＮＨ（Gross National Happiness）」である。ブータンでは、七〇年代から「経済成長ではなく、国民が幸福に暮らせる社会をめざす」と内外に宣言し、開発を進めてきた。

日本の鳩山政権もＧＤＰに代わる新たな指標の開発をめざし、一〇年春、国民の幸福度を探るための「幸福度調査」（国民生活選好度調査）を行っている。

四月二七日に発表された結果では、日本人の幸福度は一〇点満点で六・五点である。〇八年の欧州二八ヵ国の平均値、六・九点よりは低いが、「思ったより高い点が出たな」と感じたのは私だけだろうか。

七点以上をつけた幸福度の高い人は、三〇代でもっとも多く（六一％）、七〇歳以上がもっとも低い（四四％）。男女別では、男性四八％、女性五九％で、女性には八点前後をつけている人がいちばん多い。明らかに、女性のほうが幸福を強く感じているということ。この傾向は他の調査でも見られるという。

また、「働く人や社会全体の幸福感を高める企業の行動は？」という問いに対して、もっとも回答が多かったのは「給料の安定」（約六九％）であり、「成果に応じた給料」（約二〇％）「休暇の取得促進」（約一六％）「雇用・昇進の機会均等」（約一〇％）には、それほど回答が集まっていない。

つまり、生活の安定は必要だが、成果に見合った報酬や昇進は、幸福を高める要素としてあまり重要視されていないことが、この結果からも透けて見えるのである。

脱・成長時代の幸福論を

アメリカに次いで世界第二位のGDPを誇っていた日本。「経済成長によって国民の幸福度は増す」という刷り込みは根強いが、中国にその座を奪われたからといって、日本人が急に不幸になるわけではないはずだ（〇九年の名目GDPでは日本が中国をわずかに上回ったが、一〇年は逆転が避けられない見通し）。

むしろ「右肩上がりの成長神話」こそが、ある種の呪縛となって、私たちを苦しめているような気がする。実際に経済大国・日本は、自殺率の割合でもトップクラス。それで「幸せ」といえるのか、大いに疑問である。

七〇年代あたりを境に、経済成長が日本人の幸福に直結した時代は過ぎ去った。

お金が私たちの心を満たしてくれるとは限らない――世界同時不況の嵐のなかで、そんなあたりまえのことにようやく気づいたいまこそ、「経済成長神話」に代わる新しい価値観、

「脱・成長時代の幸福論」が必要なのではないだろうか。

水谷さんも、似たようなことを考えているという。

「いまの資本主義とはちがう新しい概念、新しい仕事観を、日本の若者たちが生み出してくれることを望みますね。たとえば『ＭＥＲＲＹ主義』みたいなもの。ブータンのように、お金じゃない新しい何かを尺度とする社会をつくることができればすばらしい。僕は哲学者でも評論家でもないけれど、仕事をするなかで自然に、そういう考えに行き着いた。僕でも気づいたくらいだから、ぼんやりと同じようなことを考えている人はほかにもいるはず。

それは、戦後の貧しさから這い上がって経済成長を果たし、成熟期を迎えた日本だからこそ発信できるものだと思います。ＧＤＰではもうすぐ中国に勝てなくなる。だからこそ、日本ならではの価値観、新しい幸福論を、世界に先駆けて新興国に見せてあげるべきだと思います」

リーマン・ショック後の混乱を受けて、いまこそ、アメリカ型のグローバル資本主義、金融資本主義に代わる価値観が必要だという声は、ダボス会議に集まる世界のリーダーたちからもあがっているという。

資本主義の〝進化形〟が「ＭＥＲＲＹ主義」になるかどうかはわからない。

ただはっきりしているのは、私たちが新しい幸福論を必要としていることだろう。
新たな幸福論のヒントを、引き続き、探っていこう。

第5章

社会起業家という生き方

1 誰もがチェンジメーカーになる時代

時代の変化と社会起業家のムーブメント

「社会起業家」という言葉を、直感的に理解するのは難しい。

社会起業家とは、環境保全、貧困、福祉、教育など、社会の抱える問題の解決に、事業として取り組む人のこと。

代表格としてあげられるのは、貧困層向けの小口融資「マイクロファイナンス」を普及させた功績で、〇六年にノーベル平和賞を受賞した、ムハマド・ユヌスさん（バングラデシュのグラミン銀行創設者）である。

取り組むべき問題を探し、誰も考えつかないような解決方法を見出して、イノベーションを起こす――そういう意味では、従来の起業家と同じだが、最大のちがいは、その事業の目的が、利益の最大化ではなく、世界をより良い方向に変えることにあること。

ビジネス・スキルや経営センスだけでなく、高い倫理観や社会貢献意識、そして「自分がやるしかない」という熱い思いを持っていることが大切なのだ。

近年、こうした社会起業家の存在が、世界中でクローズアップされている。気候変動、資源問題から、子育てまで、あらゆるレベルで山積する難題の解決には、彼らの力が不可欠だと考えられているからだ。

イギリスでは、財政難による福祉の縮小で生じた問題を、社会起業家を育てることで解決しようとした。行政のスリム化に伴って、これまで官が担っていた社会的なサービスを民に委ねる動きは、日本でも起こりつつある。鳩山政権が「新しい公共」というキーワードを打ち出したのは、この流れに沿ったものといえるだろう。

その背景には、激しい時代の変化、価値観の変容がある。

サブプライム・ローン問題に端を発する金融危機は、資本主義を支えてきた経済成長至上主義が限界に近づいていることを強く印象づけた。パンパンに膨らませてきた風船が、ついにはじけ飛んだ。そんなふうに感じた人も少なくないだろう。

先進国で一六世紀から続いてきた近代的な資本主義に、ほころびが見えはじめたのだ。企業でも、行政でも、従来のように、ごく少数の人が大多数を支配・管理するやり方では、この急激な変化に対応できない。これからは、誰もが自分の頭で考えて、主体的に動くこと、起業家精神を発揮してイノベーションに貢献することが求められるといえよう。

日本でも広がる認知

「社会起業家の父」と呼ばれるビル・ドレイトンさんが、すぐれた社会起業家を発掘、支援するための組織「アショカ（Ashoka: Innovators for the Public）」（本部・アメリカ）を立ち上げたのは八〇年のこと。

欧米に遅れること四半世紀。ユヌスさんがノーベル平和賞を受賞したことをきっかけに、日本でも社会起業家が注目されるようになった。

リーマン・ショックやその後の世界不況で「成功とは、お金と地位を得ること」といった従来の価値観に揺らぎが生じたことも、社会起業家という生き方、働き方に対する共感をさらに広げることにつながったようだ。

日本の場合、特徴的なのは、二〇代から三〇代の若い世代の関心が高いことである。二〇代の社会起業家が体験を綴った本が、同世代の人気を呼び、専門のコーナーを設ける書店も増えている。

一〇年二月、東京工業大学大学院、国際的社会起業家養成プログラムが開いた国際シンポジウムでも、若い参加者の姿が目立った。東京大学の学生が質疑応答で、「社会起業家になりたいが自信がない。どうすればよいか」「一般企業への就職が決まっているが、じつは社会起業家に挑戦したい。勇気と無謀のちがいを教えてほしい」と、揺れる心情をぶつけたのは象徴的だ。

東大出のエリートが社会起業家を志望する。多くの若者が〝ホリエモン的な成功〟を夢見た時代も、いまは昔なのだ。

起業家精神やベンチャー・スピリッツというと、一攫千金のギラギラした上昇志向をイメージするかもしれないが、その思い込みは正しくない。

スタンフォード大学で、起業家精神とイノベーションについて教えているティナ・シーリング博士の著書『20歳のときに知っておきたかったこと』によれば、起業家精神とは、問題の大きさに関係なく、いまある資源を使って、それを解決する独創的な方法を見出し、問題を解決すること。日常の身近なことから、地球レベルの資源・環境問題まで、解決されるのを待っている問題はいくらでもあり、起業家が活躍するチャンスも無限にある。そう考えると、社会〝起業家〟の意味もすんなり理解できるのではないだろうか。

人や社会のために役立ちたい、社会イノベーションに貢献したいという社会起業家の理念は、本書のテーマである「幸せな働き方」とも親和性が高い。

実際に、第3章で紹介したココ・ファーム・ワイナリーの川田昇さんやインテグレックス社の秋山をねさんは社会起業家である。また、広く捉えれば、ここに紹介した人は皆、社会変革の担い手たる「チェンジメーカー」だといえるだろう。

古くて新しいソーシャル・ビジネス

社会起業家が運営する事業は「ソーシャル・ベンチャー」「ソーシャル・ビジネス」と呼ばれる。「事業型ＮＰＯ」のような非営利組織や株式会社など事業形態はさまざまで、従来の営利企業が、単なるＣＳＲを越えて、社会問題の解決をめざす事業を行う場合もある。要するに、両者の垣根があいまいになっているのである。

仏食品会社ダノンが、グラミン銀行と合弁で貧困層向けのヨーグルトの製造販売業を立ち上げるなど、大企業がソーシャル・ビジネスに乗り出す例も増えてきた。日本企業では、住友化学の取り組みが国際的にも評価されている。

年間三億人が感染し、一〇〇万人以上が死亡（その九割は五歳以下の子ども）するなど、アフリカにおけるマラリア被害は深刻である。住友化学が開発した防虫蚊帳《かや》「オリセット・ネット」は、薬剤が徐々に染み出すという高度な技術を用いているため、洗っても効果が五年以上持続し、人体にも安全という優れものである。この蚊帳を現地で量産し、WHO（世界保健機構）などを通じて安価で供給することで、マラリアの予防だけでなく、技術供与や雇用創出の面でも貢献しているのだ。

社会貢献とビジネスの両立は、二一世紀の企業のひとつの理想像といえる。が、考えてみれば日本には、渋沢栄一のような〝ソーシャル・ビジネスの祖〟が存在した。

日本資本主義の父と呼ばれる渋沢栄一は、五〇〇の企業をつくったことで知られるが、それを上回る六〇〇もの非営利団体に関与したという。CSRの概念が広まる一〇〇年も前から、論語と算盤、つまり道徳と経済、武士道精神と商才の両立を説き、それを実行してきたのである。

それだけではない。「売り手よし、買い手よし、世間よし」という、近江商人の「三方よし」の理念もしかり。古くから道徳的な経営を重んじてきた日本にとって、ソーシャル・ビジネスは「温故知新」といえるのではないか。

いつの間にか染みついた強欲資本主義、競争社会の価値観を脱して、〝日本の良心〟を取り戻す。大企業にそんな変革を促すことが、日本の課題かもしれない。

「アショカ」創設者が語る日本への期待

日本でも社会起業家に対する理解が少しずつ広がるなか、これまで世界六〇ヵ国以上で、のべ二七〇〇人以上の社会起業家を発掘、支援してきた「アショカ」が、日本支部を設立するというニュースが届いた。まさに「満を持して」といったところ。かねてから日本進出の機を窺っていたが、地価・物価高のため実現しなかったらしい。

一〇年、来日したビル・ドレイトンさんに、インタビューする機会を得た。

「日本人は世界の尊敬を集めています。日本企業や日本文化は、あなた方が思う以上に影響力を持っているのですよ」と、ドレイトンさんは日本への期待を語る。

「いま、社会起業家の活動は、『起業家同士がグローバルに協働する』という次のステージに向かっています。世界が抱える問題には、共通のパターンや解決策があるのです。それを共有し、応用すれば、社会イノベーションの大きな力となる。日本は重要な拠点のひとつになると思います」

まるで哲学者のような、知的な佇《たたず》まい。口調は穏やかだが、内に秘めた意思の強さを感じさせる。「社会を変える」仕事を選んだ原点は、マハトマ・ガンジーやマーチン・ルーサー・キング牧師の思想に影響を受けたことにあるという。

ドレイトンさんが考える社会起業家の役割とは、「飢えた人々に魚を与えるのではなく、魚の釣り方を教え、漁業のあり方を変えること」。その場限りの対症療法ではなく、根源となる社会システムや政策を変えて、問題解決を図るわけだ。

それは生半可なことではない。そのため、「アショカ」が支援する社会起業家・「アショカ・フェロー」の選考基準はとても厳しい。主に評価されるのは次の四つのポイントである。

・目標設定と解決策が独創的であること。
・起業家にふさわしい資質を持っていること。
・強い倫理観を持っていること。
・そのアイディアが社会的なインパクトを持つ可能性があること。

「アショカ」では、こうした能力を備えた人たちを、金銭面だけでなく人脈や組織運営面でも手厚くサポートする。その結果、半数以上のフェローが、選ばれてから五年以内にその国の政策を変えるなど、大きな成果を上げているという。

こうした埋もれた才能を発掘、支援することで、世界を変えるしくみをつくったドレイトンさん自身も、もちろん卓越した社会起業家である。

ハーバード大学を首席で卒業。オックスフォード大学、イエール大学ロースクールで学び、七〇年、国際的なコンサルティング会社、マッキンゼーに入社するという、絵に描いたような経歴の持ち主。また、七七年から四年間、カーター政権下の環境保護庁で、地球温暖化ガス排出権取引の導入に尽力するなど活動は幅広い。

彼がそのずば抜けた頭脳と情熱を、社会イノベーションという目的のために捧げていることを、古い価値観の人たちは「もったいない」と思うかもしれない。が、ドレイトンさんがこの仕事を心からたのしみ、やりがいを感じていることはまちがいない。

ドレイトンさんが強調するのは、「(社会起業家などの)市民セクターとビジネスの境界線が、どんどんあいまいになっている」事実である。

特に、BOP(Bottom of the Pyramid、途上国の低所得者層)市場向けの事業では、この傾向が顕著だ。BOPは四〇億人の巨大市場である。社会イノベーションと利益確保を両立させる画期的なアイディアがあれば、潜在的な需要は大きい。「アショカ」と長期にわたって協力関係を築いているマッキンゼーをはじめ、大手法律事務所や投資銀行も、こうした市民セクターの活動に関心を持ち、積極的に協働を進めているという。

「社会起業家の活動が大きくなれば、マネジメントも重要になってくる。それをマッキンゼーなどが支援するのです。双方がともに学び合うことで、その効果が何倍にもなる。大手投資銀行が『アショカ』にスタッフを派遣するなど、社会的投資にも関心が集まっています。そこに莫大な可能性が眠っていることに彼らも気づいたのでしょう。市民セクターとパートナーシップを組むことが、企業にとってますます重要になると思いますよ」

ひとりひとりがチェンジメーカーに

名だたる大企業が関心を寄せる欧米に比べ、日本の社会起業家を取り巻く現状はかなり厳しいといえる。だが、ドレイトンさんはあくまで前向きだ。

「世界各地で、市民セクターは信じられないほどパワフルに成長している。日本でも必ず同じような変化が起こるはずです」

今回の来日では、官邸に招かれ、鳩山首相（当時）と意見交換も行った。

「ひとりひとりがチェンジメーカーとなる社会をつくる」という「アショカ」の理念に、「新しい公共」をめざす鳩山首相も共感の意を示したという。

私たちは、地殻変動のような時代のうねりに直面している。しかも、その変化のスピードは急激で、ありとあらゆる方向から起こっている。

「それに対応するには、誰もがプレイヤーとなる必要がある。こんな時代だからこそ、私たちひとりひとりがチェンジメーカーにならなければならないのです。古い価値観の象徴である工業都市・デトロイトは衰退し、チェンジメーカーたちが集まるシリコンバレーや、インドのバンガローのような都市は栄える――これからの成功の鍵は、技術力でもマーケティング力でもなく、チームのなかにどれだけ多くのチェンジメーカーを擁しているかにある。日本の大企業には『社員ひとりひとりがチェンジメーカーである』という考え方を持ってほしいですね」

そうドレイトンさんは訴える。

ひとりひとりが変革者であるという自覚を持つこと、これまでにないアイディアで道を切り拓くことが私たちに求められているのだ。


その変革のリーダーとなるのが、カリスマ性を備えた社会起業家である。

「多くの社会起業家は有名でもないし、人脈もない。それなのに、なぜ人々はその見知らぬ人物のために『ひと肌脱いでやろう』と考え、面倒な頼みごとを引き受けてしまうのか。それは、ひと目見ただけで『この人なら信頼できる』と思わせる何かを持っているから。そして、その人のアイディアがすばらしいからです。私たちは文明の進化とともに直感というものを忘れてしまいました。でも本来は、相手が信頼に足る人物かどうか見抜く能力を備えていたはず。今後はこうした信頼や倫理観、人に共感する能力（いわゆるＥＱ）が再び重要になるでしょう。企業の管理職でも同じこと。人を動かすのは言葉ではありませんからね」

結局は〝人間力〟の問題だということ。

近年、若手ビジネスマンの間では、コミュニケーション力、交渉力などとスキルに落とし込んで学ぶことが流行しているが、そんな方法論の話ではない。大切なのは、人としての信頼、人と人とのつながりである。それが相手の心を動かし、社会を動かすのである。

2　介護保険制度のモデルをつくる

出発点は「怒り」

いま、社会起業家への期待が高まるのは時代の趨勢といえるだろう。

だが、日本にも、以前から地道な活動を続けている人たちは存在した。ただ、そういう人々が「社会起業家」という名前で呼ばれていなかっただけである。

言葉や概念が認知されるずっと前から、草の根の活動を続けてきた社会起業家のパイオニアが、ＮＰＯ法人・ケア・センターやわらぎ代表理事の石川治江さんだ。

「私から仕事を取ったら何も残らない」

そう話す、エネルギッシュな団塊の世代である。

八七年、当時としては画期的な、二四時間、三六五日の在宅福祉サービスを開始。介護サービスを「可視化」するための独自システム「ケース管理業務支援情報システム」を開発した。在宅ケアのノウハウが詰まった「やわらぎ」のシステムは高い評価を受け、二〇〇〇年に施行された介護保険制度のモデルとなったといわれる。

「当時の厚生省の担当者がしょっちゅう来ていました。で、資料を全部抱えて持って行こうとするから、『ダメだ！　国からは一円ももらってないんだから持って行くな』って怒ったのよ。でも、うちのシステムをまねて、国が制度設計したことは構いません。だってそれで広がっていくんですから」

そう言って、石川さんは豪快に笑う。

社会起業家の事業モデルは、他の団体、地域へと伝播《でんぱ》してこそ意味がある。ドレイトンさんの話にあったように、社会システムや国の政策に影響を与えることで問題の解決をめざすのだから、「国がまねる」のは大歓迎なのだ。


なぜ介護という分野に関わることになったのか。石川さんの経歴を簡単に紹介しよう。

国際羊毛事務局で秘書として働いていた石川さんは、そこで仕事のおもしろさやマネジメントの基本を学ぶ。しかし、結婚後、妊娠を機に退職。子どもが歩きはじめた頃、喫茶店や居酒屋の経営をはじめる。

転機となったのは、七八年、友人に誘われて障害者の授産施設を訪れたことである。障害者福祉の現状にショックを受け、そこで出会った障害者の人たちと交流を深める。そして、八一年、立川駅にエレベーター設置を要求する運動に乗り出すのだ。
「出発点は、世間に対して感じた『怒り』かな。ケンカっ早いし、乱暴者で有名なんですよ」
運動の事務局となったのは、石川さんが経営する居酒屋である。仲間が店に集まって、お酒を片手に明け方まで議論をする、という日々が続いたのだ。

その一方で、障害を持つ人たちの「施設を出て、地域で暮らしたい」との願いをかなえるため、アパート探しや、家財道具を揃えるための手助けもする。また、学生や地域市民に呼びかけて、ボランティアの介助者を集め、時間の割り振りなどのマネジメントも引き受けたのだ。

こうして八年間ボランティアとして障害者の生活を助けた経験から、在宅ケア・サービスを継続して提供できるしくみの必要性を痛感する。というのも、当時の公的サービスは週に一八時間の家事援助だけ。頼みの綱はボランティアだったが、それでは安定した人手が確保できない。有償のサービスを確立することが最善だと、「やわらぎ」の立ち上げを決意するのである。

逆風にもめげず

石川さんがめざしたのは、二四時間、三六五日の在宅ケア・サービスを提供できるしくみをつくることである。

そこで力を入れたのが、ニーズを把握して最適のケアプランを作成するコーディネーターの育成と、介護サービスを記録して、可視化、システム化することである。

後者は、画期的な「ケース管理業務支援情報システム」（九四年）の開発につながった。受付けからケアプランの作成、サービスの提供、モニタリングなど、ワークフローを七段階に整理して、ケアのメニューをコード化。この記録によって情報を共有し、料金請求などの事務処理を軽減したのである。

同システムに厚生省の担当者が感心し、介護保険の制度設計のモデルとしたことは、先にふれた通りだ。

有償といっても、ケアする人とされる人を仲介する「やわらぎ」は料金をとらなかった。つまり、事務所の経費やコーディネーター（介護保険制度ではケアマネージャーと呼ぶ）の人件費は、利用者が支払う料金に含まれていなかったのだ。

それでも、福祉サービスを有料で提供することに対し、「障害者を食いものにするのか！」と激しく批判する人たちもいたという。

だが、そんな逆風もなんのその。

「『何が何でも、やってやろうじゃない！』って思いました。叩かれればファイトが湧く。仕事ではあまり落ち込まないんです」

「自分がやるしかない！」との思いで踏ん張ったものの、やがて経営は危機的な状況に。近隣の自治体からの助成金では運営費をまかないきれず、居酒屋経営で蓄えた石川さん個人の資金もつぎ込んだが、「一〇年後には見事に貧乏になっちゃった」と笑う。

「でも、お金がないから知恵が出る。夢のあとに、お金と人はついてくるんですよ」

石川さんの資金も底をつき、さすがにこれ以上は無理だと判断。「活動をやめる」「株式会社化する」「社会福祉法人をつくる」「どこかの傘下に入る」という選択肢から、「社会福祉法人をつくって行政委託の仕事を受ける」という道を選び、九七年に「社会福祉法人にんじんの会」を設立したのである。

「人の参加で人参《にんじん》と名づけました。それににんじんのオレンジ色って、すごくエネルギーがあるでしょう。赤色もそう。赤ちゃんが生まれて、いちばん最初に認識する色は赤なんですよ」

画家をめざしていた時期もあり、色やデザインにはこだわりがあるのだ。

取材で訪れた国分寺の特別養護老人ホームも、手すりや壁紙の色からスタッフの制服まで、明るく温かみのあるイメージに統一されていた。おしゃれなウッドデッキのテラスもあり、そこでバーベキューをしたり、お茶会を開いたりするそうだ。こんな施設なら、お年寄りも気持ちよく暮らせるのではないだろうか。

「介護はプロに、家族は愛を」

二〇〇〇年には、介護保険制度がスタート。やわらぎも介護保険サービス事業者の指定を受け、NPO法人の認証も取得。事業を継続できる環境が整った。

現在は、社会福祉法人とNPOの両輪で、介護老人福祉施設の運営や訪問介護、デイサービスをはじめとする介護保険事業などを行っている。事業所は立川市や国分寺市など一〇数ヵ所に広がり、ヘルパーを含め約六三〇人のスタッフを抱える。

〇一年には、品質マネジメントシステムの国際規格「ISO9001」を、訪問介護、訪問看護、デイサービス、ケアプランの在宅ケアの四事業で取得するなど、先進的な試みを続けている。

事業が拡大しても、信念に揺らぎはない。

「自主自立をめざすのが基本。社会福祉法人への〝天下り〟も断固拒否しています。経営というのは作品だから美学がないとダメ。それが私の哲学なんです」

合言葉は「介護はプロに、家族は愛を」。

介護はあくまで「行為」であって、家族の「思い」とは別のもの。介護を担うことが家族の義務だと思い込むのではなく、必要に応じてプロにサポートを頼めばいいという、石川さんからのメッセージだ。

介護保険制度がはじまって一〇年が過ぎたが、「家族なんだから」という重圧はまだまだ存在する。「やわらぎ」のような頼れるプロが、もっと増えることを期待したい。

介護サービス事業をはじめて二三年になる石川さんも、介護や福祉の道を最初からめざしていたわけではない。目の前のことに夢中になっているうちに、いつの間にか……というのが真実だろう。

だが、降りかかってくる仕事に「自分が働く意味」や使命感を感じ、その仕事をたのしんでいたからこそ、いまがある。

「右肩上がりの成長路線で突っ走っても、もうダメ、というのは、概ねみんなが気づきはじめた。じゃあ二一世紀のキーワードは何かというと、ひとりひとりが『働く意味』を考えることだと思う」

期せずして本書のテーマにずばり言及する鋭さ。組織に寄りかかるのではなく、ひとりひとりが自分と向き合い、「働く意味」を考える。そして仕事や生き方を選択していくことの重要性に気がついているのだ。

社会起業家に関心を持つ若い人たちのカリスマ的存在でもある。

頼れる大先輩として、相談も受けるが、「人のために何かをやりたいという彼らの発想は、ちょっと卑しいし嘘っぽい。結局は『自分が必要とされたい』という自分の問題でしょう？それを『世の中の役に立ちたい』という言葉に置き換えているだけ」と、やや手厳しい。

「でも、それがきっかけで、ほんとうにやりたいことに出会えればいい。そういう意味では応援している。私が若者たちを怒るのは、愛のムチなの」

3 有機野菜宅配のパイオニア

理念が正しいのではなく、商品に力があった

日本の社会起業家の草分けを、もうひとり紹介しよう。

環境NGO・大地を守る会会長（株式会社・大地を守る会代表取締役社長も兼任）の藤田和芳さんだ。

いま、世はちょっとした「野菜ブーム」である。「野菜ソムリエ」なんて資格もあるほど。東京都心に、おいしいオーガニック野菜を売りにしたレストランが続々とオープンし、高級スーパーには、びっくりするほど高価なフルーツ・トマトも並ぶ。

だが少し前までは、オーガニックという言葉もあまり知られておらず、土がついたままのニンジンや虫食いのあるキャベツは、いくら安全でおいしくても敬遠されていた。環境問題に対する関心が広がり、消費者の価値観が変わったのはごく最近のことだ。

まして三五年前といえば、農作物に農薬を使うことがあたりまえ。そんな時代に、藤田さんは、有機野菜の生産・流通・消費のネットワークづくりに取り組む。

近年では、産地直送の有機野菜の通販・宅配サービスも珍しくないが、そのパイオニアは、まちがいなく藤田さんの「大地を守る会」なのだ。

苦労して開発したシステムをそっくりまねる業者も出てきたが、藤田さんはそれを歓迎し、ノウハウまで伝授したという。なぜなら「生産者と消費者をつなぐことで有機農業の拡大を促すこと」「日本の第一次産業を守ること」が活動の目的だからだ。

「自分たち単独では日本の農業全体を支えきれない。各地の団体や企業が私たちのまねをしてくれれば、この運動も広がると考えたのです」

「やわらぎ」の石川さん同様、自分たちの事業モデルが、他の団体、地域へと伝播することが社会イノベーションにつながると理解していたのである。

儲けることは目的ではない。だが、農業を守り、有機農法を広げるためには、市場をさらに拡大することも必要である。ここ数年のブームを受けて事業は伸びており、年商は約一六〇億円に達する。現在では有機野菜だけに留まらず、安全な農・畜・水産物全般の宅配や共同購入、卸売り、加工食品製造、レストラン運営などの事業を手がける。

「『二五年もやってこれたのは、理念がしっかりしていたからですね』とよく言われますが、そうではない。最大の理由は扱った農産物がおいしかったから。食べる人のことを考えてつくられているから、農家の人たちの心がこもっているんですよ。いくら無農薬だ有機農法だと言っても、味が悪ければ消費者は離れてゆく。私たちの理念が正しかったわけではなく、商品に力があったのです」

そう藤田さんは力説する。

「環境や食の安全、消費者の健康を守り、日本の第一次産業を守る」という市民運動と株式会社としての営利事業が、車の両輪のように回っているのが、「大地を守る会」の特長であり強みである。

NGO「大地を守る会」の生産者会員は約二五〇〇人。消費者会員も九万一〇〇〇人に増えた(〇九年現在)。宅配を利用する消費者は、通常、年会費一〇〇〇円を払って会員となるため、事業が成長すれば母体である市民運動も力を持つ。多くのNPO、NGOが資金不足に悩むなか、このしくみによって安定した運営基盤を保っているのだ。

有機農業運動のほか「フードマイレージ」「遺伝子組み換え食品反対」「学校給食を考える会」「原発反対」などの活動も行っているが、近年もっとも知られているのは、「でんきを消して、スローな夜を。」と呼びかける「一〇〇万人のキャンドルナイト」だろう。

若い人たちにエネルギー問題について考えてもらいたいと、〇三年にはじめたキャンペーンだが、いまでは夏至の夜に全国およそ九〇〇ヵ所で自発的なイベントが開かれるほどに定着した。ムーブメントは、さらに世界各地へも広がっているという。

気がつけば〝原点〟に

藤田さんも、先の石川さんと同じ、団塊の世代である。

岩手県の稲作農家の次男坊として育ったが、若い頃から農業に関心を持っていたわけではない。

「農村の封建的な社会が嫌だった。山の向こうには東京という明るい社会がある。東京に行けば幸せになれると信じていました」

六六年、上智大学に入学。学園紛争の波にのまれ、学生運動に参加、世の矛盾を糾弾する。「世の中を変えようと考えていた。でも、最後には何をしていたのかわからなくなって、悶々としていましたね」。

挫折感を味わいながら、大学を卒業。小さな出版社に就職する。「これでよいのだろうか？」と自問自答の日々を送っていたとき、雑誌の記事で、農薬を使わない農法を研究する高倉熙景《ひろかげ》医師の存在を知る。その出会いが人生を大きく変えるのだ。

戦時中、毒ガスの研究をしていた高倉医師は、毒ガスの成分であるＤＤＴが農薬に使われていることに危機感を覚え、近隣の農家を説得して、ミネラル農法（現在の有機無農薬農法）に取り組んでいた。高倉医師を訪ね、その話を聞くうちに、藤田さんは日本の農業が抱える問題点に目覚める。

「高倉医師に出会ったことで『農業は社会の根幹。そこに足場を置いて、自分や社会を見つめ直してみよう』と考えるようになった。やはり自分は農村生まれ。農家の人の言うこともわかるし、共感もしやすかったんですよ。農村から逃げたつもりだったのに、気がつけば、ぐるっとひとまわりして〝原点〟に戻っていたんです」

やがて有機農家の人たちとも親しくなった藤田さんは、「農薬や化学肥料を使わない野菜はおいしいが、虫食いがあるので売れない」という嘆きに奮起。「買い手は必ずいる。私に任せてください」と、大見得を切る。

「販路を見つけてみせる、と意気込んでいたのですが、アテにしていた生協に断られてしまった。引っ込みがつかなくなり、会社が休みの日曜日に、江東区の団地で青空市を開き、無農薬の野菜を売りはじめたのです」

半ばやけっぱち。だが、この青空市が予想外の評判を呼ぶ。

「『このトマト、いいわね』『昔の野菜の味がするわ』と、若いお母さんたちが素直に喜んでくれた。あの頃はたのしかったですね。いま考えると、彼女たちも僕らと同世代。農村育ちで、ほんものの野菜の味を知っていたんですよ」

売りに行く団地の数も増えた。仲間で購入・分配するという「共同購入」の原型もできるなど、上々の手応えに背中を押されて、七五年八月、大地を守る市民の会（のちに名称変更）を設立する。

掲げたスローガンは、「農薬の危険性を一〇〇万回叫ぶよりも、一本の無農薬のダイコンをつくり、運び、食べることからはじめよう」。

農協や既存の市場が扱わないのなら、自分たちで農産物を都市に運んで売るというしくみ、いまで言う「産地直販のシステム」を確立しようということ。農薬、化学肥料に頼らない、自然の力を活かした有機農業を生産者、消費者といっしょに育てることが、農薬公害をなくすことにつながると考えたのだ。

根底にあったのは、「糾弾型の学生運動」への反省だ。

農薬会社や農協を糾弾、告発するだけでは問題は解決しない。生産、流通、消費の各段階で独自の代替案を打ち出すことで、人々の価値観の変容を促そうとしたのである。

一株五〇〇〇円で主婦が株主に

翌七六年、藤田さんも会社を辞めて大地の活動に専念するが、資金繰りに窮するなど、最初の三年は辛い時期が続いた。

そんなとき大きな助けになったのが学生運動時代の人脈である。全学連委員長だった藤本敏夫さんが活動に参加し、七六年から八三年まで会長を務めてくれたほか、藤本さんの妻、歌手の加藤登紀子さんも、活動のPRに積極的に協力してくれたのだ。今日の成功は、夫妻の協力抜きでは語れまい。

「まさか学生運動がビジネスに役立つとは思いませんでしたが、戦力としては強力でした。資金繰りが厳しくて社員に給料が払えなかった時期に、お登紀さんからお金を借りたこともあります。いまでは二人の娘さんも会員なんですよ」

また七七年、流通部門を独立させる形で株式会社大地（〇八年、大地を守る会に社名変更）を設立したときも、加藤登紀子さんが筆頭株主になってくれたのだ。

株式会社化したことに対しては、「営利主義に陥った」などと、他の市民運動団体からの猛烈な批判も浴びた。だが、このビジネスモデルが、自立した持続可能な組織を生んだことは言を俟《ま》たない。

このときは、会員二万二〇〇〇人に一株五〇〇〇〇円で株を買ってもらうという斬新な手法で、資本金一六九九万円を集めた。

五〇〇〇円なら、失敗してもリスクは小さい。家庭の主婦でもへそくりで買える金額で、一株だけ買ってくれた人もたくさんいたという。先に紹介したＳＲＩ（社会責任投資）のコンセプトと同様、「この会社を、この活動を応援したい」というひとりひとりの思いが集まったことに、お金では計れない価値があったといえるだろう。

次の転機となったのは、八五年に宅配事業をはじめたことである。働く女性が増え、専業主婦のネットワークに頼る共同購入だけではニーズに対応できなくなったのだ。

ヤマト運輸の宅急便にヒントを得て、夜間宅配をはじめたところ、好評を得たという。注文品を個別に箱詰めをする工程では、ベルトコンベアでの手作業から、機械化、コンピューター化へと進化を重ね、「大地宅配」のビジネスモデルを確立したのである。

最近の動きとしては、自由が丘に直営カフェ「ツチオーネ」を、一〇年春にはＪＲ東京駅のエキナカに「デリ」を初出店するなど、新業態にも挑戦して、支持者の裾野を広げている。

ビジネスが広がっても、中心となる軸はブレない。

それを如実に示しているのが、「欠品を恐れない」という姿勢である。たとえば天候不順などで福島県産の商品が揃わなかった場合、顧客からの注文に千葉県産で間に合わせるのではなく、堂々と欠品を告げるのだ。

「嘘をついてちがう商品を届けても、結果的には信用を失う。事業の目的は何にあるのかを考えれば、やるべきことは明らかです。欠品による売上げ減は年間約二億円ですが、それは織り込み済み。ないものは『ない』と言う。それでも利益が出る経営をするのが私の務め。大きく儲からなくても、長続きできればと思っています」

それは藤田さん自身の生き方とも通じる。

「組織としては『農業を守る、環境を守る』という大義があります。でも私個人としては、嘘をついたり虚飾に生きるのではなく、正しいことを貫く、人の悪口は言わない……そういう人生を歩みたい。そして、気持ちが通じる人、この人なら信用できるという人とだけつきあってゆく。それが私にとっての自己実現です」

志を同じくする人と歩んできた三五年は、藤田さんにとって幸せな時間だったのではないだろうか。

ここまで来れたのは、自分たちの頭で考え、行動してきたからだと力を込める。

ドレイトンさんが言うように、信用を大切にして、「ひとりひとりがチェンジメーカーであること」がイノベーションを起こす原動力となったのだ。

「有機農業推進法もできましたが、ここで気を許してはいけない。上からの力に頼って社会を変えるのではなく、自分たちの頭で考え、行動するという内発的な力をこれからも失わないようにしたいと思っています。民衆が内発的な力を持ったときにはじめて、社会は動くのではないでしょうか」

4 病児保育を広げ、働く親をサポートする

若手社会起業家の旗手

若い世代にとって、社会起業家といえば、まずこの人が頭に浮かぶのではないか。病児保育事業を展開するNPO法人・フローレンスの駒崎弘樹さんである。

学生時代はITベンチャーを共同経営。〇三年に慶應大学を卒業し、準備期間を経てフローレンスを立ち上げた。七九年生まれという若さと、時代のニーズに合致した「病児保育」という分野が注目され、メディアでの露出も多い。二五歳、独身なのに保育の分野で起業したことなどが、当時は何かと話題になったものだ。

が、哀しいことに「出る杭は打たれる」のが日本社会。「『なんだ、あの若造は』とバッシングを受けて、つらい時期もありました」と駒崎さんは話す。同級生が一見華やかな外資系の金融機関などに就職するなか、立ち上げ当初は不安も大きかったにちがいない。

私がいちばん最初に駒崎さんに会ったとき、確か彼は二六歳。「年齢の割には、しっかりしてるなぁ」というのが第一印象であった。食事をしながらのざっくばらんな会合だったので、少しずつ素顔が見えてくる。一〇歳以上も年の離れたお姉さんがいると知り、なんとなく納得がいった。年上の女性に囲まれて育ったため、病児保育に着目するという、いわば女性目線の発想ができたのだろう。

妙におっとりしたところもあるが、保育ビジネスより、やはりＩＴベンチャーのほうが似合っているようにも思えた。いや、だからこそ既成概念にとらわれない、斬新なビジネスモデルを生み出すことができたのだろう。

そもそも起業家精神とはそういうもの。〝業界の常識〟に縛られないから、問題点も見えてくる。「それはおかしい」と素直に思える。それが画期的なイノベーションにつながるのだ。

おそらく保育の専門家なら「病児保育」という分野にあえて挑戦しようとは思わなかったのではないか。それほど厄介なもの、言い換えれば、改革の余地のある分野だったのだ。

病児保育に取り組むきっかけとなったのは、ベビーシッターとして働く母親から、双子の子どもの看病で会社を休んだために勤務先をクビになった女性の話を聞いたことである。

仕事と子育てが両立できない社会の現実にショックを受けた。

母親が自分の子どもの看病をするのはあたりまえだ。あたりまえのことをして職を失う社会なんて、おかしい——そんな疑問が出発点になったという。

では、自分が子どものとき、母親はどうしていたのだろう？

母親にたずねると、困ったときは近所のおばさんが預かってくれたという。そんな地域の支え合いが、いつの間にか失われていたのである。

保育園では病気の子どもを預かってくれないこともわかった。病児保育の専門施設はあるが、数が極端に少ない。補助金を受けているために制約に縛られ、経営はほとんど赤字だという。

日本の保育は制度疲労を起こしている。実態を知って、問題意識がふつふつと湧いてきた。働く女性が増えているのだから需要はある。「なら、俺がやってやるさ」と発奮したのである。

脱施設、共済型のモデルをつくる

経営が成り立つ事業モデルをつくろうと、試行錯誤の末にたどり着いたのが、「脱施設」「会費制・共済型」の運営方式である。会員から連絡を受けると、地域の子育て経験者や看護師、保育士などの「こどもレスキュー隊員」が出向き、隊員の自宅や会員の家で病気の子どもを預かるというシステムだ。

これなら施設を持たないため、運営経費は抑えられる。病児保育における難問、利用が冬場に集中するためキャッシュフローが安定しないという季節変動の問題も、会費制（月一回の利用は無料。二回目からは実費）にすることで解決できる。

〇五年四月から、東京都中央区、江東区でサービスを開始した。〇七年六月には黒字化を果たし、〇八年末には東京二三区にサービスを拡大。会員も約五八〇世帯（〇九年三月現在）に増えている。

相変わらず注目度は高いが、二〇年、三〇年と事業を続けてきたやわらぎや大地を守る会に比べれば、まだまだこれから、といったところ。NPOなので銀行からの融資が難しい、需要に対し供給（保育の担い手）が不足するなど、解決すべき課題もたくさんある。

誤算もあった。「みんなに感謝されたい」との動機ではじめた事業だったが、医療や保育業界から激しい反発をくらったのだ。施設型の病児保育を行う〝旧勢力〟からは、「子どももいないアンタに何がわかる！」などと、相当なバッシングを受けたという。

「ほめてもらえると思ったら、九割の人からダメ出しされた。そのうち一割は人格攻撃。『おまえはニセモノだ！』と怒鳴られたり、金儲けのための事業だと勘違いされて叩かれたり……。運営を経済的に自立させるという概念がないのでしょう。他府県なら利用者の奪い合いにはならないのに、学び合おうとしないのも不思議です。こういう分野なのだから、もっと協働すればいいのに。『そんなやり方は保育の分野では聞いたことがない。絶対に成り立たない』と、さんざん言われましたね。じゃあ自分たちで証明してやろう、と思ったんです」

厚生労働省に求められるまましくみを説明し、研修マニュアルを見せたところ、数カ月後にフローレンスのモデルによく似た「緊急サポートネットワーク事業」が立ち上がったことも。これには激怒したが、フローレンスのアドバイザーでもあったやわらぎの石川治江さんに一喝された。国が政策化すれば全国で取り組みがはじまるのだから、むしろ歓迎すべきだ、というのだ。

「パクられたことを誇りに思いなさい。ケツの穴の小さい男ね！　って怒ったのよ」

そう言って、石川さんは笑う。

風あたりがキツくても、がんばれたのはなぜか。

「上の世代から叩かれても同世代は理解してくれる。それに救われていますし、利用者の方にも力をもらっています。あるシングルマザーの方に『子どもが熱を出してもフローレンスが預かってくれるので、仕事を休むことがなくなった。おかげで大きなプロジェクトを任されて、パートから正社員になれました』とお礼を言われたときは、うれしくて男泣きしました。そういう声がある限り、誰に何を言われても『どんと来い！』ですよ」

法律などの専門知識を提供してくれる「プロボラ（プロフェッショナル・ボランティア）」にも助けられた。たくさんの人の理解と支えがあったからこそ、くじけずに事業を続けてこられたのだ。

僕たちは砕氷船

最終的な目的は、子育てと仕事が両立できる社会の実現だと再認識した駒崎さんは、自分たちのノウハウを公開し、全国の事業者と共有するためのプラットフォームづくりにも取り組んでいる。

「僕たちは砕氷船のようなもの。国や自治体などの大型タンカーが通れるよう航路をつくることが、僕らの仕事だと思います」

病児保育は、言うなれば対症療法。根本的な問題解決のためには企業側の意識が変わる必要があると、「働き方革命」と称した意識改革のための事業も行う。

〇七年夏からは、新しい試みとして、港区の委託を受けて施設型の病児保育『まちかど保健室みなと』を、続いて品川区にも『まちかど保健室しながわ』を開いた。「脱施設という本来の事業モデルと矛盾しているのではないか」と悩んだが、融合モデルをつくるチャンスと捉えて決断したという。

一般からの寄付による「ひとり親家庭の支援サービス」をはじめるなど、チャレンジを続ける姿は、これから社会起業家をめざす若者にとって、ひとつのロールモデルになっているようだ。

だが、出口の見えない不況が続くなか、若い人たちが再び保守的になっていることも事実である。過熱する「婚活ブーム」も、結婚を理想化し、一種のセーフティネットとして求めていることの表れだろう。そんな状況では、リスクをとって社会起業家になることを躊躇しても不思議ではない。

ただでさえ、日本人は起業家精神に乏しいといわれる。本章のはじめに、社会起業家に憧れる東大生が「勇気と無謀のちがいを教えてほしい」と質問した話を紹介したが、社会起業家への挑戦を「無謀だ」と感じてしまうのは、日本が「失敗を許さない社会」であることを端的に示しているのではないか。

たとえば、起業家のメッカ、アメリカのシリコンバレーには、「人とちがうことをすること」「失敗をすること」を奨励する文化がある。だからこそ、社会をすっかり変えてしまうような斬新なアイディア、独創的なビジネスがどんどん生まれるのだ。

ところが日本では、派遣切りが行われる一方、ほんとうの意味の「雇用の流動化」が進んでいない。起業、自営、フリーエージェントといった、多様な働き方も広がらず、「女性の活用」は掛け声だけでいっこうに進まない。

そんなセカンド・チャンスが与えられない社会の閉塞感が、「勝ち組／負け組」といった意識の広がりや、希望の喪失を招いている気がしてならない。

駒崎さんが上の世代から徹底的に「ダメ出しされた」ように、「人とちがうことをする」異分子を叩く傾向も、起業家の足を引っ張る。

会社という組織にしがみつくことが最善の道とは限らない。就職や起業に失敗しても、やり直せるチャンスがある――そんな「失敗や過ちを甘受する社会」「多様な働き方を認める社会」への転換は、起業家精神を育てるだけでなく、「感動や幸せを感じる働き方」を追求するうえでも、とても重要ではないだろうか。

第6章

組織に留まるチェンジメーカー

1 公務員と社会起業家。「雨水博士」ふたつの顔

めざせ〝社内・社会起業家〟

会社を辞めて起業するほどの勇気はないが、自分のできる範囲で「世の中のためになる仕事をやってみたい」。そう考えている日本人は少なくないだろう。

独立して事業を立ち上げることだけが道ではない。「ひとりひとりがチェンジメーカーとなる社会」を提唱する「アショカ」の創設者、ビル・ドレイトンさんも、こう語っている。

「企業に勤めながら、社会起業家のような活動をすることもできる。これは二者択一の問題ではありません。夢をあきらめようとする若者がいれば、『夢を持っていいんだよ』と勇気づけてほしいですね」

ヒーローやスターのような活躍をする社会起業家なんて、ほんの一握りなのだ。

会社員や公務員という立場のままであっても、本人のやる気と努力次第で、さまざまな活動の選択肢があるはずだ。たとえば、こんな方法が思い浮かぶ。

・社会変革につながるような新規事業やプロジェクトを企画、提案する。
・社内ベンチャーとして、社会的事業を興す。
・CSR活動の一環として、既存の社会起業家の活動を助けるような、あるいは社会起業家と協働するようなプログラムを立ち上げる。
・夜や休日など、勤務時間外に社会起業家として活動する。あるいは、「フローレンス」の駒崎さん言うところの「プロボラ（プロフェッショナル・ボランティア）」として社会起業家の仕事を手伝う。

その本気度はともかく、CSR活動の必要性を認識する企業も増えてきた。組織も自分もハッピーになるような方法、もしくは、組織に迷惑や負担をかけないようなやり方なら、実現は可能ではないだろうか。

いちばん簡単な勤務時間外のボランティアでも、それを本業の仕事のストレスのはけ口にしないのなら、得るものはあるはず。その機会を積極的に活用して、自分のエネルギーや養分にすれば、本業にもきっとプラスになるはずだ。

理想的なのは、自分のやりたいことと組織から求められているものの折り合いをつけ、いわば〝社内・社会起業家〟として、公益性の高いプロジェクトを立ち上げることだろう。

第1章で紹介した兵庫県職員の西村さんも、普及員という地方公務員の職務のなかで、地域の人々や未来の子どもたちのために役立ちたいと、コウノトリと共生する農法の確立に取り組んだ。思いが先走って周囲から反発を食らったこともあったが、理解者を増やすことで、結果的にはその功績が認められたわけだ。

こういう人は組織のなかでうまく立ち回るわけではないので、目覚しい出世をすることはないかもしれない。だが、自分のやりたいこと、やるべきことを貫けるのなら、本人の満足度は高いのではないか。

それに出世や肩書きは、あくまで組織の内部での評価である。やっていることが正しいのなら、社内的にはともかく、社会的な評価はついてくるはず。

組織内では、ある種の「変わり者」などと思われていても、外部からは、その独自性や社会貢献度によって、がぜん評価が高まる人もいるのだ。

ただ者ではない墨田区の職員

その好例が、村瀬誠さんだろう。

通称「雨水博士」として知られる雨水利用推進の第一人者である。

国内では、雨水を貯めて地域の防災や渇水、洪水対策に活用する政策を推進。また、海外では、井戸水の砒素《ひそ》汚染に苦しむバングラデシュで、雨水を安全な飲み水として利用するための国際的な支援活動「スカイウォーター・プロジェクト」も展開する。

その活動が革命的だと評価され、〇二年、国際的に権威のある「ロレックス賞」に準入賞したほか、著書が英語、ベトナム語、ポルトガル語、中国語、韓国語などに翻訳され、国際会議に招かれる機会も多い。

海外でサインを求められると、平和への願いをこめて、この一文を書き添える。

「No More Tanks for War, Tanks for Peace.」

戦車はいらない、雨水タンクを、という意味だ。

こうした経歴を書き連ねると、どんな職業の人を想像するだろうか。

科学者？　大学教授？　海外の環境NGOで活躍する日本人？

その答えは元・東京都墨田区の職員。〇九年に定年退職するまで、三〇年以上、保健所や環境保全課で働いていた地方公務員である。

墨田区役所に村瀬さんを訪ねたことがある。お役所らしい、仕切りのない大きなフロアの片隅に、村瀬さんの机はあった。当時の肩書きは、環境保全課、環境啓発主査。周囲に埋没、いや溶け込んで、まったく目立たない存在である。

ところが、国際シンポジウムなどで演壇に立ち、雨水利用について語りはじめると、まったくの別人になる。

自信に満ちた表情。輝くオーラ。その豹変ぶりに驚いたものだ。


「定年後も、やりたいことはたくさんある。行政で培ってきたことを、市民運動や国際協力活動で活かしていくつもりです」

定年直前、そう語っていた村瀬さん。現在は、自ら立ち上げた天水研究所の代表のほか、東邦大学薬学部客員教授や、国際水協会雨水利用専門グループ副座長として活躍している。

雨水利用に取り組んではや三〇年。いま世界が資源としての雨水に注目している。

「以前は予想もしなかったこと。時代の大きな波が向かってきている、逃げちゃいけないと感じています。やりたいことをやって、世の中の役に立ってる。ありがたいなあと思いますね」

役所の仕事がおもしろくないなら、おもしろくすればいい

薬学博士でもある村瀬さんは「現場から科学する」という視点を大切にしている。現場は研究テーマの宝庫。そこから課題を発掘して、科学者の目線で問題の本質を追究。解決策を提示する――そんな仕事にやりがいを感じているのだ。

そのアプローチは科学者的であると同時に、起業家的でもある。前述のように、「日常に課題を見つけ、いまある資源を有効に使って、その問題を解決する」ことは、起業家精神の真髄だからだ。

雨水というありふれた資源を活用して「水問題」を解決するという方法は、シンプルでありながら、じつに独創的なアプローチといえるだろう。

以前、私がもらった村瀬さんの名刺には、牛が頭に逆さにした傘を乗せて雨水を貯めているイラストが描かれている。

なぜ牛なのか？

「牡牛座の星が輝き出すと雨が降り出すという伝説があるんですよ。私の誕生日である三月

二二日は『国連水の日』。干支《えと》は丑《うし》。きっと雨水と関わるのが宿命なのでしょう」と、うれしそうに語る。

雨水の利用を思い立った経緯を知るためにも、まず村瀬さんのキャリアを振り返ってみよう。

七六年に、千葉大学大学院薬学研究科（修士課程）を出た村瀬さんは、墨田区に入り、保健所で衛生監視員として働きはじめる。

主な仕事は、飲食店の営業許可や飲み水の衛生指導など。まず最初に力を入れたのは、不衛生な「貸しおしぼり」の問題である。

通常なら「もっと塩素を入れて消毒するように」と指導すれば済むのだが、それで引き下がる性分ではない。塩素が効かない特殊な菌の存在をつきとめ、おしぼりの新しい洗濯方法を確立。国の衛生基準づくりへとつなげていくのだ。

「現場で感じた素朴な疑問」を足がかりに、どんどん仕事の枠を広げてしまう。

やはり当時から、並の新人ではなかったらしい。

「法律で決められたことをやっていれば、誰にも文句を言われないのが保健所の仕事。でも、人の健康に関わることが仕事だと捉えれば、間口は広げられるんですよ。役所の仕事がおもしろくないのなら、おもしろくすればいい。同じことでも、いろんな角度から見れば、ちがって見えるはずですからね」

その考え方が、仕事の可能性をどんどん広げてゆくのである。

流せば洪水、溜めれば資源

雨水利用に取り組みはじめたのは、都市型の洪水を目《ま》のあたりにしたことがきっかけだ。八一年頃のこと。区内では、大雨が降るたびに下水道から下水が逆流し、地下の飲み水タンクに汚水が流れ込む、という問題が起こっていた。衛生指導にあたったが、「消毒より、洪水をなんとかしてくれ」と住民に責められる。

とはいえ下水道は、墨田区ではなく東京都の管轄である。それでもなんとか住民の方々の役に立ちたいと、仲間と自主研究をはじめたところ、都市の水循環システムそのものに問題があることがわかったのだ。

東京の下水道は、降水量の五割が地中に浸み込む前提でつくられている。アスファルトに覆われたコンクリート・ジャングルの都会では、雨水はわずかしか地面に浸透せず、下水道に流れ込む。それが都市型洪水を引き起こしていたのである。

「その事実を知ったときはショックでしたね。区という行政の末端で、自分たちに何ができるのか——悩んだ末にたどり着いたのは単純な結論です。雨を流さずに、溜めるしくみをつくればいい。墨田区の年間降雨量二〇〇〇万トンは、区民が一年間に使う水道水の量と同じ。貴重な水資源を使わずに捨てていたんですよ。『流せば洪水、溜めれば資源』。解決策はシンプルでした」

そこで「雨を流さずに、その場で溜めるしくみ」をつくるべく、解決策を模索する。ちょうどその頃、墨田区・両国に新国技館を建設する計画が進んでいた。許可を出すのは区の権限である。

「そこで、国技館の屋根に降る雨を溜め、冷房やトイレの水として使うことを提案しました。でも、前例がないということで、周囲の理解は思うように得られませんでした」

最終的に墨田区長の説得に成功し、役所内にプロジェクトチームが発足。区長が日本相撲協会と話し合った結果、一〇〇〇トンの雨水タンクが新国技館に設置された。

「当時としては日本最大規模の雨水利用システムで、理論上は、溜めた雨水で相撲興行時に必要な水の七割を賄える。もちろん洪水防止策にもなります。これが突破口となって、東京ドーム、福岡ドームなど、各地で雨水利用が広がったのです」

韓国ソウルやドイツのサッカースタジアム、北京オリンピックのメインスタジアムをはじめ、いまや雨水利用の動きは世界中に広がっている。この画期的なイノベーションを先導したのが、区役所の職員だというのが痛快である。

墨田区では、九五年から雨水利用を政策化。五〇〇㎡以上の土地を開発する場合は雨水タンクを設置することが義務づけられた。助成金制度の導入など、先進的なその取り組みを学ぼうと、国内外から年間五〇〇〇人以上の見学者が墨田区にやってくる。

だが、「政策化したら、それで終わりではない」と村瀬さんは力を込める。将来のことを見据えれば、やるべきことはまだまだあるからだ。

「雨水利用が社会システムにビルトインされなければいけない。雨水を貯留、浸透、利用することは、洪水、渇水、防災対策になる。気候変動によって短時間に集中して大雨が降るようになり、都市で下水道が逆流する危険性は以前より高まっているのです。未来の市民からも信託を受けているのが、公務員の仕事ではないでしょうか」

バングラデシュに安全な飲み水を

こうして墨田区の雨水利用政策を引っ張ってきた村瀬さんだが、もうひとつの活動拠点が、NPO法人・雨水市民の会（理事長・徳永暢男さん）である。

ともに活動するようになったきっかけは、向島の住民たちが「路地尊」と名づけた防災町づくりのシンボルを設置していると知り、「消火や非常時の飲料水に」と雨水タンクの導入を働きかけたこと。それを機に意気投合。雨水利用を推進する市民運動の立ち上げへと発展した。

「地域の人とつながったおかげで僕の意識も変わりました」と村瀬さん。〝公務員らしからぬ〟柔軟な発想は、市民運動に参加したおかげといえるかもしれない。

九四年には、村瀬さんが実行委員会・事務局長になって「雨水利用東京国際会議」を開催し、その収益で阪神・淡路大震災の被災地に雨水タンクを一〇〇基寄贈した。

活動は海外にも拡大。一〇年以上前から、雨水を飲み水として普及させる「スカイウォーター・プロジェクト」をバングラデシュで展開している。

「世界には、安全な飲み水を確保できない人が一一億人もいるんです。バングラデシュでは池の水は汚れているし、井戸を掘っても、地下水が有害な砒素や塩分で汚染されている。雨水しかないと思っています。『レインウォーター』ではなく『スカイウォーター』ということで、我々は天水プロジェクトと呼んでいます。天水は驚くほどきれいでおいしい水。竹筒で簡単に雨を集めるしくみをつくると、『スイート・ウォーターだ！』と喜んでくれるんですよ」

同プロジェクトでは、地域ＮＧＯと連携して、安価な雨水タンクを開発し、マイクロクレジットを活用して希望する家庭に設置している。持続可能な運営にするため、フェアトレード製品を販売したり、エコツアーを企画開発するなど、資金を確保するための方策にも知恵を絞る。

「日本に降る雨はインドやバングラデシュの上空からやってくる。私たちに恵みの雨を運んでくれる地域に困っている人がいるのなら、その手助けをして、少しでも恩返しをしたいと。世界の空はつながっているんです」

好奇心と探究心の赴くまま、いろんな人を巻き込んで、どんどんパワーアップしていく姿は「まるでブラックホールだ」と周囲から揶揄されることも。志を同じくする仲間の存在が、その活動を支えたのは言うまでもないが、役所内では、居心地の悪い思いもしたようだ。

カリスマ職員として名を馳せるも、「日常の業務に差し障りが出ては困る」との声があがるなど、内部の理解を得ることが難しい面もあったという。

それでも、村瀬さんがひるまなかったのは、「雨水を活用することが地球を救う。この活動は、一〇年、二〇年後の墨田区民のためにも意義がある」との確固たる信念があったからだ。

「周囲に認めさせるのも僕の仕事。役所の前例主義を壊すのも、役割のひとつだと思っていたんです。それに、いま役所も変わろうとしている。僕がそのモデルになればと考えていたんですよ」

東京・墨田区から世界に発信して、命を救う仕事をしている。

そんな自負があったからこそ、公務員の仕事を堂々と続けられたのだろう。

墨田区内では、完成前から観光名所となっている「東京スカイツリー」の建設が進んでいる。ここにも大規模な雨水利用システムが導入される予定だという。

村瀬さんは退職したが、その足跡はしっかりと刻まれているようだ。

2　会社員だからこそできることを探す

「貧困をなくしたい」という思いを共有

今度は、企業に勤めながら社会貢献の道を探る若い人たちを紹介しよう。

外資系の大手金融機関に勤める慎泰俊《しんてじゅん》さんは、金融の専門知識を貧困問題の解決に役立てようとしている。

問題意識のはじまりは、経済学者ジェフリー・サックスの『貧困の終焉』に感銘を受けたことである。

自身のブログなどを通じて仲間を募り、〇七年秋、NPO法人・リビング・イン・ピースを立ち上げた。現在、中心となるメンバーは二五人ほど。その大半が、八一年生まれの慎さん同様、金融機関やコンサルティング会社に勤める二〇代後半から三〇代前半の会社員である。

活動の柱に選んだのは、途上国の貧しい人々に、少額の資金を無担保で貸し出して経済的な自立を促す「マイクロファイナンス」の普及支援である。この分野なら、自分たちが本業で培った専門知識を活かすことができる。

マイクロファイナンスの代表格はバングラデシュのグラミン銀行だが、日本における認知度は依然として低く、投資額も少ない。資金不足に悩む多くのマイクロファイナンス機関のために、日本からの投資を拡大することが狙いだ。

勉強会やセミナーの開催、現地の視察などの準備期間を経て、カンボジアで融資を行うマイクロファイナンス金融機関と提携。ファンド運営などを手がけるミュージックセキュリティーズと提携して、〇九年、一口三万円から投資できる「マイクロファイナンス貧困削減投資ファンド」を立ち上げた。

ファンドの募集はミュージックセキュリティーズが行い、パートナーであるリビング・イン・ピースは現地調査やコンセプトの企画、マイクロファイナンスに関する情報の提供などを担当している。

メンバーがそれぞれ本業の仕事を続けながら活動しているため、事務所は持たず、活動も週末のミーティングが中心。平日は、スカイプを活用して早朝に電話会議を行っているという。メンバーの募集や日々の情報共有にも、ネットを有効活用するなど、ITを駆使した組織運営で効率化を図る。

当初、活動のキャッチフレーズは「スーツを着ながらでも、世の中は変えられる」だったが、「『スーツを着ているからこそ』と言い換えたほうがいいかもしれません」と慎さんは話す。

「使える時間は限定的でも、仕事をしているからこそ貢献できること、学べることがある。全員が会社を辞めて社会起業家になる必要はない。それぞれができる範囲で、できることをやったほうが話は早い。誰でもできる、自分にもできる――そう考えてもらいたいですね」

仲間がいるから、がんばれる

取材では、中心となる実行委員の面々が勢ぞろい。クラブ活動のような和気あいあいとした雰囲気が印象的であった。

しかも、各人がとても生き生きとしている。

「仲間がいるからたのしいし、苦しいことも乗り越えられる」

「みんなのレベルが高く、勉強になる」

「ひとつの夢に向かってがんばる。そんな人とのつながりが気持ちいい」

「メンバーに会うことが刺激になるし、モチベーションも高まる」

そう口を揃えるのだ。

取材のあと、ほかのメンバーも合流し、リビング・イン・ピースの定例ミーティングがはじまった。会場は、なんと国立競技場前の広場。その日はたまたま会議室などを手配することができなかったらしい。

大学の階段教室よろしく、屋外の階段に腰掛けて、「はい、意見のある人は？」などとやっている光景は、学生時代に戻ったようでほほえましい。青春してるなぁ……という感じ。当人たちがたのしんでいることが自然と伝わってくる。

同行した二〇代の女性編集者も大いに感化されたようで、「とってもたのしそう。私も参加したくなりました」と目を輝かせていた。

「貧困をなくす」という活動の意義と、志を同じくする仲間の存在——高度成長期の企業戦士にも似た使命感が、彼らの胸を熱くしているのだ。

本業との相乗効果も収穫のひとつ。マイクロファイナンス金融機関が顧客に対して行っている、きめ細かなモニタリングのしくみを取り入れるなど、ここで得た知識やノウハウを本業に応用すべく、実際に動きはじめたメンバーもいる。

「人間は一所懸命やれば伸びるもの。成長できるという意味で、会社にも、確実にいいフィードバックを与えていると思います」と慎さん。

リビング・イン・ピースの活動や仲間との絆が、メンバーの日々の仕事の活力になっているのはまちがいない。

環境と広告を結びつけたビジネスを

もうひとり、会社員の立場で自分のやりたいことを仕事にするべく努力をしてきた三〇代の男性を紹介しよう。

七六年生まれの山口岳さんは、学生時代からひとつの理想を持っていた。

「環境と広告コミュニケーションを結びつけるビジネスをやりたい！」

環境NGOが主催するイベントを手伝うなど、問題意識は筋金入りだ。

ところが、就職活動をしていた時期はちょうど就職氷河期。環境問題がビジネスにつながるなんて発想は、当時のほとんどの企業が持ち合わせていない。「環境と広告」を扱う仕事など簡単に見つかるはずもなく、就職先は決まらなかった。

仕方なく、一〇万円の月給でNGOで働くが、子どもができたため、生活の安定を優先して広告会社に就職。情報システム部でインフラ関係の仕事に就く。

一方で、環境問題やクリエイティブな仕事への関心を持ち続けていたのである。

そこで、空いた時間ができると、NGOや行政の広告を手がけるクリエイティブ・エージェンシー、サステナに顔を出し、ボランティアで仕事を手伝った。

このサステナと、代表であるマエキタ・ミヤコさんについては、次の章でくわしく紹介するが、山口さんが憧れていた「環境と広告コミュニケーション」の仕事は、サステナの事業と重なる。生活のために働きながらも学生時代の夢を忘れずにいられたのは、サステナとのつながりがあったからだろう。

「ときどきマエキタさんに会って元気をもらう。それが刺激になるし、モチベーション・アップにもつながる」と山口さんは話す。


生い立ちをさかのぼれば、環境問題に関心を持った原点は、祖父から習った般若心経《はんにゃしんぎょう》にあるという。

小学校三年生くらいから般若心経を唱えさせられたことで、「色即是空　空即是色」といった世界観や仏教の教えが、心に深く染み込んでいたのだ。

「祖父は僧侶というわけではないんですよ。家電メーカーの工場に勤めていた、近所でも有名な頑固ジジイ。部屋には仏教の本がたくさんあった。それで夏休みになると、『無とは何か』みたいな話を、三時間くらいずっと聴かされて……それが、いまも心に残っているんです」

私心をなくして人のために役立ちたい。そんな気持ちを、こうして一〇代の頃から、ずっと温めてきたのである。

洞爺湖サミットで風向きが変わる

待ちに待ったチャンスが巡ってきたのは、インターネット広告会社、オプトに転職してからだ。

「この会社なら、やりたいことができるかもしれない」と感じて入社。一年半くらいは与えられた仕事をこなしていたが、新規事業のコンテストで優秀賞に選ばれて、道が拓けた。

「洞爺湖サミットのおかげで、皆がエコ、エコと騒ぎはじめたから、タイミングがよかった。時間とお金を僕に少しください、エコでビジネスすると儲かりますよ、と説得したんです」

念願かなって、〇八年九月、エコプロジェクトの立ち上げに成功。まずは、太陽光発電をはじめとする、自然エネルギー関連の商品のマーケティングを手がけている。

日本版グリーン・ニューディール政策が動き出すなど、いま、山口さんには追い風が吹いている。事業としての将来性だけでなく、この仕事がもたらす社会的な意義は大きな魅力だ。

「エコプロダクトのマーケティングを考えるうちに、エネルギーの問題に行き着いた。それぞれの国や地域でエネルギーを自給自足できるしくみができれば、きっと社会も変わる。僕も会社もハッピーになれる仕事だと、やりがいを感じています」

3　授業をアートに変える型破りな公立小教員

「自分の頭で考える」授業を

本書ではこれまで何人か異色の公務員を紹介したが、その極めつけがこの人だろう。大阪府高槻市の公立小学校で四〇年近く教員として働いていた井出良一さんである。周囲の反発をものともせず、自分が理想とする教育をひたすら追求してきた孤高の人。心のなかで師と仰ぐのは、教師でもあった、かの宮澤賢治である。

教員の仕事を「スクール・アーティスト」と捉え、教科の壁にとらわれない独自の授業を展開する。和菓子づくりや大根の栽培など、ほとんどの授業が体験をベースにした総合学習であり、「自分の頭で考えること」を重視している。

井出学級を見学したとき、「公立学校でも、これほどクリエイティブな授業ができるのか」

と、その自由さに驚いた。

教育改革、とりわけ公教育の再生を誰もが望んでいるものの、ドラスティックな改革はいっこうに進まない。そんななか、こんな〝改革案〟をひとりで実践している人がいたのである。

国語の勉強をしているかと思えば、いつの間にか社会や理科の学習へと発展。ときには外国の文化や歴史にもふれる。ベートーベンの「歓喜の歌」をドイツ語で、シューベルトの「ます」を中国語で歌ったりと国際色も豊か。朝から六時間ぶっ続けで絵を描く、なんて日もある。

「絵を描くには集中力がいる。それが算数や国語の力にもつながっていくんです。まあ、そう言っても、誰も信用してくれませんけどね。教えやすいように便宜上分けているだけで、教科の壁なんかもともとない。公立学校は、どの学校でも似たような教育をしていますが、教える側さえその気になれば、学習指導要領の枠内でもこんな授業ができるんです」

そう井出さんは力をこめる。

学校のチャイムに従わず、授業が白熱して休み時間がなくなることも。そのため、「授業中でも自由にトイレに行っていい」といったユニークなルールもつくった。

「自主的に行動することで、自分を管理することも学ばせている。自由だからこそ、自分でやらなければいけないと自覚し、独立心が芽生えるんです」

子どもたちは好奇心で瞳をキラキラさせて「勉強っておもしろいね！」と笑顔を見せる。そして教える側の先生が、誰よりも授業をたのしんでいる。「自分がたのしむために授業をやっている」と言って、はばからないのだ。

活気あふれる教室。先生が質問をすると「はい！　はい！」と全員が手をあげる。その賑やかなこと。身を乗り出したり、立ち上がってアピールする子もいる。みんな自分の意見を言いたくてしかたがないのだ。

日本の子どもはシャイで受身だなんて、いったい誰が言ったのか。そんなふうにしたのは、教育のせいではないかと、井出学級を見ているとつくづく思う。

うって変わって、読み書き計算のテストでは、目を見張るほどの集中力を見せる。ゲーム感覚でタイムを競っているため、表情は真剣そのもの。次々に自己新記録が誕生する。

読み書き計算の基礎学力と創造的学習。その両方が必要だというのが、井出さんの持論である。授業を自在に操り、子どもたちのやる気を引き出すテクニックは名人芸さながら。すべてが三〇年以上かけて現場で練り上げられた独自の教育法である。

七草がゆ、節分、ひなまつり……日本の家庭から消えつつある、四季折々の伝統行事も重視。一茶や山頭火の名句、モーツァルトのオペラも、いつも子どもたちの身近にある。めざすのは「子どもの内なる力を信じ、その可能性を引き出す教育」だ。

現れない後継者

同じ学校内でも、こんな型破りな授業をしているのは、もちろん井出学級だけ。

教師仲間からは冷たい視線を浴びたが、持ち前の「鈍感力」でそれをかわしてきた。

座右の銘は「出る杭は打たれる。だが、出ない杭は腐る」。

教師といえばグレーの背広か事務服があたりまえの時代に、派手な色のTシャツにジーンズで授業をして、校長に嫌な顔をされたというから、周囲に同調しない姿勢は昔かららしい。

だが、教え子とその父母からの熱烈な支持と、何人かの理解ある校長のサポートで、自分のスタイルを曲げることなく、仕事を続けてきたのである。

「参観日が待ち遠しい」「私も名札をつけて生徒になりたいです」

父母からはそんな声が寄せられたが、それもそのはず。

「ポップコーンがはじける理由を考える」

「魏志倭人伝を読み解き、〝謎の女王国〟を探す」
「予算一二五円で懐石料理をつくる」
「戦国時代の鎧の重さを体験し、秀吉軍の強さを検証する」

井出学級で繰り広げられているのは、大人だってわくわくする授業ばかりなのだ。

〇六年に定年を迎えたが、再任用制度を利用して〇八年度まで小学校の教員を続け、〇九年に退職。現在は、京都の保育園で園長を務める傍ら、非常勤講師として大阪大学の教壇にも立つ。

残念なのは、この「井出メソッド」の継承志願者がなかなか現れないこと。

井出先生のような授業をするには入念な準備が必要だし、情熱もいる。それが若い先生たちを尻込みさせる原因なのだろうか。

このすばらしい授業が、先生の引退とともに教室から消えてしまうのはもったいない。そこで「求む、後継者」とのメッセージを込めて、私は〇八年に『スクール・アーティスト』という本を書いた。

副題は「たったひとりの教育改革」。公教育の改革を試みた井出さんは、紛う方なきチェンジメーカーだが、それが各地に広まらなければ日本の教育は変わらない。

ひとつひとつは小さな点でも、あちこちに広がれば面になる。それこそが社会イノベーション。そのためにも、力強い後継者の出現を望んだのだ。

幸いなことに、拙著を読んで、「井出先生のような教師になりたい」との感想をくれた若い人もいる。「スクール・アーティスト」の情熱を受け継いだチェンジメーカーが、ひとりでも増えることを願ってやまない。

「軽い気持ちで」教師に

教師になるべくしてなったように思える井出さんだが、意外なことに、大学時代は、先生という職業にまったく興味がなかったという。

クリエイティブなことに関心があり、テレビ局のディレクターにあこがれたが、夢はかなわず、印刷会社に入社して営業の仕事に就く。あるとき、仕事で美術展のカタログづくりを担当したことで、「企業相手の仕事では、すべての基準はお金。やはり芸術や文学にかかわる仕事がしたい」と決意。印刷会社を辞める。

当時、二四歳。次の職のあてもなく家にいたところ、「何もしていないのなら、教師にならない?」と誘われた。ちょうど高槻市に新しい学校がどんどん建っていた時期。教員免許はもちろん、教職課程を履修していなくても教師になれたというから、よほど教師不足が切迫していたのだろう。

「教師なら長い夏休みもあるから」と、軽い気持ちで承諾。助教諭という仮の免許をもらって、「腰掛け気分で」小学校に勤めはじめた。

最大の問題は、小学校のときから音痴で音楽嫌いだったこと。子どもたちの前で歌ったりピアノを弾くことなど、とても考えられなかったのだ。

だが、音楽の専科の先生の授業に衝撃を受け、音楽のすばらしさに開眼する。

「子どもたちが、ほんとうにたのしそうに『機関車のうた』を歌っている。自分も子どもの頃に、こんな音楽の先生にめぐり逢えていたら……と思いましたね」

また、その音楽の先生が貸してくれた『島小の女教師』を読み、斎藤喜博、船戸咲子らの仕事に感銘を受けた。そして「教師とはすばらしい仕事だな」と思いはじめるのだ。

教員採用試験も無事に合格。助教諭になってから一年二ヵ月後に正式採用となる。だが、この時点でも教員を続ける覚悟はできていなかった。本気でやる気になったのは三、四年目だという。

正式採用になった翌年の春、一年生の担任に。どうしても音楽を教えなければいけない状況になり、ピアノの猛練習をはじめる。

放課後、教室のオルガンで、毎日、必死に練習した。片手でしか弾けなかったピアノがなんとか両手で弾けるようになったとき、嫌いだった音楽が好きになっていた。

自分のピアノや音楽に合わせて、子どもたちがたのしそうに歌って踊る。努力すれば、その努力の分だけ子どもたちが返してくれるのも励みになったという。

こうして音楽やピアノは、井出学級に欠かせないものになったのだ。


国語の授業もおもしろかった。

四年生の教科書にあった野口英世の伝記の読解を、子どもたちの意見も聞きながら、指導書とはまったく別の解釈でやってみたのだ。

「こちらが熱心にやれば、子どもたちもついてくる。僕が考えていないようなことを、子どもたちがどんどん発言するんですよ。演劇をやっているようなおもしろさを感じ、『小学生の感性はバカにできない』と思いましたね。この国語の授業も、教員の仕事にのめり込むきっかけになりました」


「臨時雇いのときから、校長と大げんかしていた」という井出さんは、古い考えを持つ先生たちと、さまざまな場面でぶつかる。教員の仕事に本気になり、若い先生たちと「高質な授業」を追求する研究会をはじめたときも、ベテランの先生たちと対立。学校がふたつに割れる事態に発展したという。

「授業時間中に麻雀をするような先生たちにとって、僕たちは目障りな存在だった。でも、教員の八割は若い先生だったので、そういう意味ではやりやすかった。それが学校を変える力になったのです」

山の分教場の日々

子どもたちと農作物を育てるようになったのも、ごく初期の頃である。

きっかけは学級園の隅っこに、自分の好きな日野菜かぶ（滋賀県特産の細長いかぶ。漬物が有名）の種を蒔《ま》いたこと。成長した日野菜を子どもたちに抜かせたところ、歓声をあげてはしゃぐ姿に感動したのだ。

「そのあと、子どもたちと漬物にして食べました。こんなによろこぶのか、と思いましたね。絵も描かせてみたかったけれど、日野菜かぶでは絵にならない。それで大根を育てるようになったんです」

畑を耕して作物を育て、それを食べることで多くのことを学ぶ、という学習スタイルは、九二年から六年間をすごした分教場時代に磨かれる。

高槻市立磐手小学校川久保分校という、児童数が一〇人前後の小さな山の分教場。

ここで教えたことは、井出さんにとって得がたい経験となったようだ。まるでタイムスリップをしたような、のどかな山あいの村。当時住んでいたのはわずか三七戸。大阪府に残った唯一の分校だったが、現在は閉校になっている。

分教場の隣には、宮澤賢治の理想郷・イーハトーボにちなんで「イーハトーボ農場」と名づけた農場を開いた。そこで土を耕し、無農薬、有機栽培で作物を育てながら、ユニークな授業を続けたのである。

オペレッタや人形劇を上演し、土をこねて陶器を焼き、竹細工をつくって炭を焼く。狂言やお琴を学び、お茶会をたのしむ一方、ドイツ、フランス、中国など、各国の料理をつくり、その文化と歴史を学んだのだ。

また、この分教場にはユニークな分校歌もあった。

山頭火の詩に、井出先生が自分で曲をつけたもの。分教場の教室から見た風景が、この詩の世界と響きあっていたからだ。

山あれば山を観る
雨の日は雨を聴く
春夏秋冬

朝《あした》もよろし
夕《ゆふべ》もよろし

高層マンションが立ち並ぶ地域の学校に赴任してからも、分教場でのやり方をできる限りとり入れ、独自の創造的な教育を完成させていったのである。

チェンジメーカーを育む教育

「子どもたちはたのしい授業に飢えている」と、井出さんは言う。

たのしい時間を子どもたちと共有すること、子どもたちの生きる力を育むこと。

それが教員の不変の仕事だと考えている。


落ち着きがない、指示通り動けないといわれるいまどきの小学生も、先生が教室の前に立つだけで態度が変わる。自閉症の子どもは目覚しい成長を見せ、立ち歩きが止まらなかった転校生も、おとなしく座って勉強するようになるという。

まるで魔法のようだが、井出さんに言わせれば、それは難しいことではない。

「彼らが興味を持つ文化的なことを学習にとり入れているから、子どもが集中するんですよ。たのしい授業といっても、放任主義や子ども中心主義とはちがう。しっかり叱り、しっかりとほめる。先生と生徒のちがいを理解させたうえで、子どもたちの知的好奇心を刺激する授業を続ければ、学級崩壊もすぐに収まります」

四〇年近く自分の信じる教育法を実践してきた井出さんだが、その間に、高度成長期、バブル期、リーマン・ショック後の不況と、日本の社会や経済は大きく変わった。だが、あらゆる分野でイノベーターが必要とされるいまこそ、井出さんの教育法が、最も真価を発揮するのではないか。

なぜなら、井出さんが育てようとしていたのは、創造力や豊かな感性を持った子ども、自分の頭で考えて道を拓こうとする人間だからだ。

井出さんは、自身がチェンジメーカーであると同時に、その教育を通じて、次世代のチェンジメーカーを育むことにも大きく貢献していたのである。

井出さんは、自分の職業を、教師ではなく教員と呼んでいた。

「『師』となるかどうかは、教えられる側が判断することですから」と。

それもひとつのこだわりであろう。

こうしたスタンスは「アーティスト」より「アルチザン（職人）」に近いのではないか。頑固一徹、わが道をゆく孤高の職人。匠《たくみ》の技を引き継ぐ若い世代が少ないことも、伝統工芸と同じである。

〝平成の宮澤賢治〟を伝説だけで埋もれさせては、もったいない。

「求む、後継者」。そのメッセージを、もう一度ここに刻みたい。

第7章

お金より大事なもの

1　さらばマイクロソフト、さらばマッキンゼー

マイクロソフトでは出会えなかった天職

「マザー・テレサのハートと、スターバックスの拡張性の融合」

そう喩えられる社会起業家がいる。

発展途上国の子どもの教育を支援するＮＰＯルーム・トゥ・リードのＣＥＯ、ジョン・ウッドさんだ。

前職はマイクロソフトのエグゼクティブ。二〇〇〇年、その職を捨ててルーム・トゥ・リードを立ち上げた。きっかけは、休暇で訪れたネパールで途上国の現状を知ったこと。非識字率七〇％。教育は貧困から抜け出す武器となるが、学校には本すらない。

「数百万人もの子どもが本を読めずにいるというのに、『来月、台湾でウィンドウズが何本売れるか』が、ほんとうに重要なのだろうか」

そんな疑問を抱き、子どもたちに「教育」という贈り物を届けるための活動をはじめたのである。

社会起業家が多いアメリカでも、マイクロソフトを辞めたという経歴は珍しいらしく、その活躍ぶりとあわせて注目を集めているようだ。

仕事の目的は「金持ちの株主を、より金持ちにすること」から「世界でもっとも貧しい人々を助けること」へと一八〇度変わったが、グローバルビジネスで培った経営手腕がモノをいう点は同じ。世界中に散らばった約二〇〇〇人のボランティアが、年間一〇〇〇万ドルもの寄付を集めるネットワークを築き上げた。

来日中の彼に会ったとき、いかにも〝やり手のCEO〟といった感じを受けた。

並外れた行動力。周囲から聞こえてくるネガティブな意見にやる気を奪われそうになる前にとにかく突き進むといった姿勢は、本書で紹介してきた人たちとも共通する。ただし、日本の社会起業家たちや、ドレイトンさんや彼が支援する「アショカ・フェロー」とは、またちがう何かを感じたのだ。

「従来の慈善活動とちがう点は、ビジネス同様、目的を設定し、効率を追求し、結果を出していること。効率のよい運営で成果をあげているため、ゴールドマンサックスやアクセンチュアといった大企業も我々の活動を評価し、サポートしてくれています」
立て板に水のごとく、営業トークが流れ出る。
寄付を求めるときは、「たった二五〇ドルで、ひとりの少女を一年間学校に通わせること
ができる」と、具体的な数字で成果をイメージさせることを忘れない。
日本で開かれた寄付金集めのパーティにもモデルやセレブが華やかに集うなど、資金集め
の部分は旧来の慈善事業の手法に近いが、そこから先は、グローバルビジネス流のマネジメ
ントを徹底しているということか。

有名企業を辞めたことで、高収入や肩書き、そして恋人まで手放したことを「クレイジー
だ」と批判する人もいたが、本人は意に介さない。
失ったものはあるが、得たものも大きい。「僕くらい自分の仕事をたのしんでいる人は、
世界に数えるほどしかいないと思う」と、自信たっぷりに話す。
「マイクロソフト時代と変わらないハードワークなのに、これほど幸福な気分でいられるこ
とに、自分でも驚いています。教育によって、子どもたちの人生をよい方向に変えることが
できる。そう考えるだけで、毎日とても幸せですよ」

これまでに一一二八の学校、約一万の図書館を建設、八九四四人の少女に奨学金を提供

（一〇年五月の統計）。平均すると一日に四つの図書館を建てた計算になる。活動拠点はカンボジア、インド、ネパール、スリランカ、ベトナム、南アフリカなど。現地コミュニティとの連携が奏功し、恩恵を受けた子どもの数は延べ四一〇万人に達する。

活動の拠点をさらに広げて、「一五年までに一〇〇〇万人の子どもたちに教育の機会を与えたい」と意気込む。〇七年四月には東京支部も開設。日本企業にも支援を呼びかけている。

「字の読めない人は世界に八億人。初等教育を受けられない子どもも一億人いる。学校に行けず、本も読めない子どもが、こんなにたくさんいることを知ったときは、ほんとうにショックでした。でも僕はマイクロソフトで『THINK BIG（常に大きく考えろ）』という教訓を学んだ。問題がどんなに大きくても、ひるまずに挑戦する。その姿勢が大きなちがいを生むと思います」

日本でも翻訳出版された自伝『マイクロソフトでは出会えなかった天職』のタイトル通り、以前は得られなかった「働きがい」を、彼はいま感じているのだろう。

マイクロソフトのエグゼクティブという地位や高収入よりも大事なもの。

それを手にした彼は、やはり幸せなのだと思う。

六甲山上に理想の学校をつくる

成果と効率を徹底的に追求するという、いわばアメリカ型資本主義の価値観で教育格差問題に取り組んでいるウッドさんに対して、自分ができる範囲で、地道に改革を実践しているのが、神戸にあるラーンネット・グローバルスクールの代表、炭谷俊樹さんである。

東京大学大学院理学系研究科修士課程修了。国際コンサルティング会社、マッキンゼー勤務。ウッドさんに勝るとも劣らない輝かしい経歴を持ちながら、高収入と安定した職を捨て、「理想の学校をつくる」という困難な道を選択した。

きっかけは、マッキンゼー時代に赴任したデンマークで、子どもの自主性や自律に重きを置く「モンテッソリ教育」に出会ったこと。ひとりひとりに光をあてる、という教育に深い感銘を受けたという。

帰国後、長女の幼稚園探しをするなかで、日本ではデンマークのような優れた教育が受けられないことを知り、「ならば、自分ではじめるしかない」と、一〇年間勤めた会社を辞めて、小学校をつくる決心をしたのである。

言うは易し、行うは難し。既存の教育を批判するのは簡単だが、「誰もやらないのなら、自分がやる」と決断するのは、かなり勇気のいることである。

人のせいにしたり、他人任せにするのではなく、自分自身がよいと思うことを体現して見せる——それこそが、チェンジメーカーの発想といえるだろう。


「ラーンネット」の活動拠点のひとつ「六甲山ののびのびロッジ」は、神戸市街が一望できる六甲山の山上にある。付近は、高山植物園や人工スキー場、牧場などが点在する阪神エリアきってのリゾート地。眼下に広がる雄大な景色がすばらしい。

開校にあたり、炭谷さんがこだわったのがロケーションである。「自然環境のよい場所に」と、二年越しで探した結果、六甲山に企業の保養所だった敷地約六〇〇坪の山荘を見つけた。内部を改装し、四つの教室とキッチン、工作室を設けた。豊かな自然は、生物や植物の観察にはもってこい。文字通り、のびのびと学べる環境が整った。

六甲山の麓にある大学に通っていた私も、この地域には馴染みがある。特に山上は、まさに別世界。あんな気持ちのいい場所、すばらしい自然のなかで勉強できるなんて……と、子どもたちがうらやましくなってしまう。喩えるなら『アルプスの少女ハイジ』になった気分とでも言おうか。


基本理念はデンマーク語で教育を表す「Oplysning（オプリュスニング）」。語源は「照らす」で、「自分の中に火を灯し、相手を照らすことで、互いに成長するのが教育」との意を持つ。

まずは九六年に、自宅の一室でアフタースクール（放課後に通う教室）として、レゴやパソコンの教室をスタートさせた。当時のキャッチフレーズは「出る杭も伸ばす教育」。アウトドアや英語のクラスなどメニューを拡大し、確かな手応えをつかんだ。次いで、フルスクール（全日制スクール）の設立準備に着手し、九八年、念願の小学生向けフルスクールを開校。二〇〇〇年には中学生クラスと幼児クラスを併設したのである。

自発的な学びを支援する

画一的な従来の学校教育でも、子どもに任せてしまう「フリースクール」でもない新しい教育。子どもの自主性や個性を尊重しながら、その成長を大人が支援するのが、炭谷さんのめざす「第三の教育」である。

「こうしなさい」「あれをやってはダメ」と、大人が命令や強制で抑えつけるのではなく、子どもの発する「なぜ？」「どうして？」と真剣に向き合う。そして「あなたはどうしたいの？」と問いかけることで、自発的な学びを促すのだ。

「不登校の子どもが通う学校だと勘ちがいする人も多いのですが、まったくちがいます。入学の条件は、まず本人がスクールを気に入ること。小一から入るのが理想ですが、三年も在籍すれば、子どもが生き生きとして、自分から『あれがしたい、これもやりたい』と言うようになる。その変化を親御さんが喜ばれているのを見ると、私もうれしくなりますね」

新しい教育が必要だという危機感は強い。「日本はとり残されている。国際的な教育レベルとの格差は開く一方だと感じています」と、炭谷さんは言う。

二一世紀の社会で求められる、必要な情報を自分で選択、分析、判断する能力や、「問題解決能力」を養おうとする視点が、従来の日本の教育には決定的に欠けているのである。

これまで何度かふれたように、私たちは社会を根底から覆すような大きな変化の渦中にある。前例も正解もなく、変化のスピードははやい。これから何が起こるか誰にも予測できない。そんな社会で生き抜くためには、言われたことを効率よくこなす能力ではなく、自分で課題を発見し、主体的に解決する能力が必要になるのだ。

炭谷さんの前職、マッキンゼーは「問題解決能力」を重視していることで有名だが、グローバル経済での生き残りだけでなく、社会をよりよく変えるチェンジメーカーであるためにも「問題解決能力」は必須といえるだろう。

そこでラーンネットでは、「問題解決能力」を伸ばすような教育を実践しているのである。

炭谷さんが、時代のニーズに合った学びの場を提供していることはまちがいない。だが、認可を受けた学校法人ではないという理由で、生徒の数は伸び悩んでいるようだ。

「要するに、学校の内容よりも認可の有無が重要だということ。文科省や行政に対する親の信頼は想像以上に大きいと感じています。経営は比較的安定していますが、ラクではありません。最大の収入源は授業料（年七二万円）。子ども一人に対するスタッフの数を減らす方法や、年二〇〇万円以上かかるインターナショナル・スクールのように、思い切って授業料をあげるという選択肢もありますが、それはやりたくない。対象を富裕層の家庭に絞ることには抵抗を感じています」

だからといって、学校法人にするつもりはない。ラーンネットでの学習を出席日数として扱ってくれる自治体はあり、ある程度の認知はされている。それに、制約を受けない存在だからこそ、多様なことにチャレンジできるメリットもある。

人と人とのつながりを糧に

「『こんなことをやって、意味があるのかな』と自信を失うこともあります。でも親御さんがスクールの運営に協力してくださる姿を見ると、やはりやめるわけにはいかない、と思うんですよ。学校運営を通じて得たものはたくさんありますが、ひとことで言うならば〝温かな人のつながり″でしょうか。子ども同士、親同士など、さまざまな形で豊かな人間関係が生まれ、とても幸せな気持ちになっています」

学校運営に加えて、ビジネス・ブレークスルー大学大学院客員教授として、ビジネスマンに「問題解決思考」を教えたり、一〇年四月からは、専門職大学院である神戸情報大学院大学の学長を務めるなど、教育を軸に活動が広がっている。

炭谷さんが、そのままマッキンゼーにいれば、どうなっていたか。

そう問うことは無意味だろう。

恥ずかしながら自分の体験談も披露すれば、ものすごい競争率の入社試験を突破して新卒でテレビ局に入ったが、数年後にそのポジションをあっさりと捨ててしまった。その理由は、それだけで本が一冊書けるほどなので割愛するが、「ほんとうにバカだ」と、ずいぶん周囲に言われたものだ。じつのところ、いまでも同じことを言われる。

「そのままいれば、どうなっていたと思う?」とも、よくきかれるが、「生涯賃金はかなりちがっていたでしょうね」と苦笑する以外に、答えようがない。

私が選んだ道は、ひょっとするとまちがっていたのかもしれない。けれど給料がよくても幸せとは限らないし、テレビ局のなかでも、いろんな種類の仕事がある。それにテレビ局を辞めなければ、ニューヨークに住むこともなかったし、この本に出てくる人たちにも、たぶん会うことはなかっただろう。

自分ではそう悪くない選択だったと思っている。学校のテストでは答えがひとつしかないかもしれないが、社会に出れば、同じ問題にも正解は何通りもあるのだから。

心を自由にすれば、いくつになっても人生の選択肢はたくさんある。どの道を行くべきか、迷って当然。寄り道や回り道だって悪くない。私なんて回り道ばかりだが、その途中に拾った宝物がたくさんある。

若いときは想像できないかもしれないが、それこそが人生の醍醐味。子どもの可能性に限界はないが、大人の可能性だって捨てたものではないはずだ。

アインシュタインに憧れて物理学者を夢見た炭谷少年は、経営コンサルタントになり、どこにもないような学校を六甲山につくった。最近は「偏差値教育」に替わる新しい教育の概念として「探究型学習」を広めることをめざしている。

「いろんな方々と協力しながら、幼児からビジネスリーダーまで、ひとりひとりが自分らしさを発揮して、生き生きと輝くための学びを普及させたいと思っています。もちろん、仕事をたのしんでいますよ」と、炭谷さん。

心の底から「仕事がたのしい」と思えるのなら、選んだ道は〝正解〟だったにちがいない。

2 みんなが幸せになる道具づくりを

椅子で寝たきりはなくせる

工業デザイナー、光野有次さんも、大企業を辞めてチェンジメーカーの道を選んだひとりだ。

目から鱗《うろこ》が落ちる。

光野さんに会って、そんな気づきをたくさんもらった。

まず、椅子が持つ力について。

日本には「椅子文化」が育っていないと、光野さんは指摘する。椅子という道具が日本の家庭で使われるようになって五〇年しか経っていない。そのため椅子を上手に使いこなすノウハウがなく、教育も広がっていないという。

「バックレスト」にもたれるのではなく、腰を座面の奥にぐっと入れるのが正しい座り方。ところが日本人は、手前にちょこんと〝腰掛ける〟。「バックレスト（背休め）」を「背もたれ」と訳していることが、そもそもの誤りなのだ。

椅子の「椅」が常用漢字になっておらず、公の文書では「いす」と表記してきたことも、椅子の歴史が浅いことを端的に物語っているという（二〇一〇年六月に答申された「改定常用漢字表」には「椅」も加えられた）。

「椅子がどれだけの力を発揮できるか、みんな知らないんですよ」

さも残念そうに、光野さんは話す。

「椅子に上手に座れなければ、我々人間は寝たきりの生活になってしまう。寝ている状態では、社会生活に限界がありクオリティ・オブ・ライフ（ＱＯＬ）も下がるんです。そこで僕たちは、〝起こすための道具〟を提供してきた。座り方を指導し、その人に合った椅子を提供することで、寝たきりはなくせるんです」

横になったままの姿勢ではまともな食事もできないが、椅子に座ることで、呼吸や食事、コミュニケーションもかなりスムーズになる。気分も明るくなるし、ケアをする側の負担も減る。寝たきりの状態が続くと、筋肉が次第に衰え、骨ももろくなってしまうが、椅子に座ることができれば、人間は健康を保つことができるのだ。

そんな「シーティング」の概念を世の中に広め、椅子の重要性や効力を伝えることで、障害者や高齢者のクオリティ・オブ・ライフを高めようと、三五年以上にわたって、光野さんは奮戦してきた。日立製作所を辞めて仲間と工房を開き、障害をもつ人の身体に合った椅子や道具をつくり続けてきたのである。

さらに驚いたのが、日本の車椅子の現状だ。

日本で最も普及している車椅子は、四五年にアメリカで開発されたもの。欧米では七〇年代に使われなくなった六〇年以上前のモデルが、日本では、いまだに健在だというのだ。古いだけでなく、サイズにも問題がある。このモデルは、当時のアメリカ人の平均身長（一七〇～一七五センチ）に合わせて設計されたもの。アメリカ人に比べて、はるかに小柄な日本の高齢者には、まったく合わないのだ。

「軽量化など、多少の進化はありましたが、基本形はずっと同じ。七〇歳以上の日本女性の平均身長は一四六センチですから、明らかに大きすぎる。しかも椅子の部分は非常にお粗末で、『車輪をとれば、単なるキャンプの椅子』だと言っても過言ではない。ここにじっと座っていろと言われたら、健康な人でもあぶら汗が出てくる。三〇分と我慢できませんよ」

脳梗塞になった高齢者や障害をもった人たちは、それほど座り心地が悪い椅子に、毎日、長い間座っているのだと知り、衝撃を受けた。

最新鋭の家電製品や、機能的にもデザイン的にもすぐれた道具があふれる日本社会で、信じられないほど時代遅れの製品がこれほど広く使われているとは。高齢化社会を迎え、車椅子の需要は高まっているはず。マッサージチェアはどんどん進歩するのに、どうして車椅子は改良されないのか、単純に不思議である。

日本の車椅子に革命を

ビジネスチャンスがないわけではないだろう。なのになぜ、快適な車椅子を提供しようという動きが広がらないのか。

その背景には、車椅子の捉え方の問題があるという。

「日本における車椅子は〝人間運搬機〟という位置づけなんです。つまり、押す人にとって使いやすい道具であればよかった。欧米では三〇年前に乗る人が主役になったのに、日本ではいまだに〝台車〟という感覚が根強いのです」

つまり意識改革がまったく進んでいないということ。その世界のなかの〝常識〟を変えるほど厄介なことはない。

畳での暮らしが長かった現在の高齢者は、介護施設内の椅子やベッドの生活自体に違和感を感じることも多いはず。せめて車椅子くらい快適なものを使ってもらいたいが、実態は理想に遠く及ばないという。

「高齢者の施設では、食事やカラオケのときにも、四五年型の車椅子が椅子代わりに使われている。でも、ご本人は、『車椅子が合わずに痛いのは、こんな体になった自分が悪いからだ』と考えてしまう。その意識を変えるのは非常に難しいですね」

台車やキャンプの椅子に一日中おとなしく座っているのは、拷問にも等しいのではないか。想像しただけで、体が痛くなってくる。

そんな日本の車椅子の対極にあるのが、スウェーデン製の高性能車椅子「パンテーラ」だ。

「『パンテーラ』の製品は世界で最も進化した〝スーパーカー級〟の車椅子。日本で普及しているものとは次元がちがう。よくこんなものをつくったなあと思いますよ」

その特長は、長時間座っても疲れない、コルセットの機能を備えた車椅子であること。ぴったりと体にフィットして骨盤を支えるため、車椅子が自分の一部になったような感覚になり、車椅子に乗っていることを忘れてしまう。しかも非常に軽い。自動車への積み込みも他人の手を借りる必要がなく、わずか二五秒でできるという。

私も試乗させてもらったが、片手で軽く動かせるうえ、小回りが利く。座っているというよりは、足代わりになる器具を下半身に装着しているという感じだろうか。ひどい腰痛持ちの私には、コルセットをしているような安定感も心地よい。

一台三〇～五〇万円という価格が唯一の難点だが、「一〇年使ってもビクともしない。価値を考えればリーズナブルだと思います」と、光野さんは力説する。

この製品に惚れ込んだ光野さんは、パンテーラ・ジャパン株式会社の代表取締役となり、日本での「パンテーラ」の普及に努めている。

また、パンテーラ本社のアドバイスを受け、日本の高齢者向けに独自の車椅子も開発し、製品化している。こちらも長時間快適に座ることができる、軽い力で動く、といった特性は同じだ。

座っていて疲れない、使いやすい車椅子があれば、外出もしやすいなど生活の幅も広がり、仕事や作業にも集中できる。生き生きと毎日をすごせることが、何よりのメリットだろう。

便利な道具によって住みやすい社会をつくる。

それが光野さんが生涯をかけて取り組んでいるテーマなのだ。

日立を辞め、障害児のための道具づくりに

光野さんが、障害者のための道具づくりに打ち込むようになったのは、七三年にある障害児と出会ったことがきっかけだ。

その男の子は、光野さんの故郷、長崎県佐世保市の幼なじみの親戚の家に生まれた。

「彼は知的障害と半身麻痺という重い障害をもっていた。以前はそんな子どもがいることすら気に留めなかったのに、それから問題意識が芽生えた。そして、リハビリ訓練具ひとつとっても、子どもに適したものがないという実態を知ったのです」

当時の光野さんは、日立製作所のデザイン研究所で、工業デザイナーとして働いていた。

「その子のために、自分にできることはないか?」と考えた結果、日曜大工で子どもの体に合わせた訓練具や生活用具をつくりはじめたのだ。

そのうち、会社勤めより障害児のための道具づくりのほうがおもしろくなってきた。

「会社は僕ひとりがいなくなっても、どうということはない。でも、道具づくりでなら、僕でも社会の役に立つことができるかもしれない。障害のせいで差別やいじめを受けるなんて理不尽なこと。誰もが幸せになるための道具づくりをしたい、と思ったんです」

二年弱で日立を辞め、七四年、幼なじみと三人で東京・練馬区にでく工房を開設。ひとりひとりのニーズに合わせた個別注文製作で、肢体不自由児のための木工の椅子や遊具をつくりはじめるのだ。

最初は、実費だけをもらうボランティアのような形だったが、補装具費の支給制度が利用できる業者の指定を受け、事業として本格始動。のちに全国で広がる同種の工房の先駆けとなる。

次々と時代を先取りする光野さんは、八〇年にはユニバーサルデザインの先進例となる陶磁器の「すくいやすい食器」を開発。この商品は「グッドデザイン賞」を受賞したほか、美術や家庭科の教科書にも紹介され、現在も売れ続けているという。

その探究心は留まるところを知らない。

「重度の子どものための注文が入ると、研究にも熱が入った。試作品を何度もつくるなど、あまりにも研究に没頭しすぎてお金に困ったり……。でも、僕たちは人の役に立ちながら、たのしんで仕事をしている。収入が少ないのはたのしませてもらっているからだ、と強がってましたね」

やせ我慢していた面は多少あったかもしれない。でも「たのしんで仕事をしていた」ことは紛れもない事実だろう。そうでなければ続くわけがない。

八三年には「もっと研究がしたくなって」、長崎県に戻り、重症心身障害者施設に勤務する。肩書きはリハビリテーション・エンジニア。障害者の生活を間近に観察して、最も適した道具づくりをする仕事だ。

八五年からは、家族を連れて一年間スウェーデンに滞在し、グループホームなどで実習を行う。

また、八八年、諫早市に無限工房を設立し、代表取締役に。「ハンディをもつ人の食器、椅子から建物、街づくりまで」を活動領域として掲げ、個人宅のリフォームなども手がけた。さらに、全戸バリアフリーの市営団地や特別養護老人ホームの建設にも携わるのだ。

道具づくりの分野では、個別製作に加え、ある程度の量産ができる製品の開発にも取り組んだ。

寝たきりになった人を起こすための「クッションチェア」や、寝たきり予防のための座椅子「かに座」はその一例だ。畳の部屋での立ち上がりがラクになる「かに座」は、日本の高齢者への配慮にあふれたすぐれもの。『通販生活』のカタログにも掲載され、いまも広く評判を呼んでいる。

いつも時代を先取り

個別注文でつくってきた椅子は、九〇年に交付基準制度ができ、「座位保持装置」と呼ばれるようになった。

これによって工房のビジネスは安定したが、光野さんはそこで立ち止まらない。ハンディのある人たちも安心してたのしめる宿泊施設「長崎でてこいランド」を運営するなど、多彩な活動を続けるのだ。

「自分でなければできない、新しいことをやりたい」と、光野さんは言う。

「寝たきりがあたりまえだった重度の障害者も『起きることができる』と実証され、座ることによって生じる効果が、専門家に認知されるようになりました。建築や交通機関のバリアフリーもそう。法律ができて、僕の手を離れても社会がよい方向に転がるようになると、興味は薄れるんですよ」

バリアフリーもユニバーサルデザインも、「時代が僕たちに追いつき、追い越していった」と感じている。

ただし、車椅子の分野は、まだ手つかずの状態である。そこで「パンテーラ」の輸入販売や車椅子の開発に注力し、〇三年、東京に会社を設立。無限工房は会長職に退いたのである。


ぐるっとひとまわりして、原点である「椅子」に戻ってきたことになる。

意識の変革を促すため、現在は、車椅子を薦《すす》める立場である病院のリハビリ室のスタッフに、「パンテーラ」の利点を伝える営業活動に取り組む。セラピスト（理学療法士、作業療法士）の養成校で「シーティング」の講義を行い、それを通じて理解者を増やすことにも力を入れている。

「デイ・サービスなど、在宅介護のサービスは充実してきました。でも、僕の基本は道具屋。在宅介護を受ける人の生活向上のために、道具でやれることは、まだまだあると思いますよ」

3 チャーミングな広告で、平和構築をめざす

仕事を通じて幸せになる

もうひとり、やりがいのある仕事を求めて大手企業を辞めた人を紹介しよう。

ＮＧＯや行政などの広告を手がけるクリエイティブ・エージェンシー、サステナの代表、マエキタ・ミヤコさんだ。

大手広告代理店の社員だったマエキタさんが、ＮＧＯの表現活動を手伝うようになったのは九四年のこと。ボランティアでパンフレットづくりなどを請け負ううちに、あちこちから依頼が舞い込むようになり、〇二年、サステナを設立した。

しばらくは、会社勤めをしながら、夜や週末はボランティアで「サステナ」の仕事をするという二重生活を続けたが、〇八年一月、二〇年勤めた広告代理店を退職。以降「サステナ」の活動に専念している。

人もうらやむ大企業の肩書きと安定収入は手放したが、「いまのほうが断然気持ちがいい。泳ぎたかった海でのびのびと裸で泳いでいるような解放感がありますね」と笑う。

驚いたのは、リーマン・ショック以降、金融機関に勤める人から、「サステナで働きたい」「経営に参加したい」との問い合わせが相次いでいることだ。

「私より年上の方もいるし、年齢はさまざま。『収入が減ってもいいから……』と言ってくださる人が出てきたのは、すごいことだと思います」

仕事に社会的意義を求める人が目立ってきたことを、マエキタさんは「みんなが幸せになろうとしているから」だと見る。

「これまでは仕事でお金を儲けて、そのお金で幸せになっていた。でも、お金のために仕事をするのは遠回りだし、迷いも生じる。仕事を通じて直接幸せになったほうがいい。『どういう社会にしたいのか』『何のために生きるのか』というところから出発して、そのために働いたほうがムダがないんですよ。私はクリスチャンだけど、仏教もキリスト教も説いていることは大差がない。自分のことだけ考えないで、人のことも考えなさい――ただそれだけ。それが人間の幸せに近いということを、私たちは忘れがちになるんでしょうね、きっと」

人のため、社会のために働くことは、結局、自分を幸せにする。

やはり「メリー・ゴー・ラウンド」なのだ。

クリエイティブの力でNGOの活動を支援

サステナの仕事は、環境破壊や貧困といった深刻な社会問題を、一流クリエイターの技で、わかりやすくチャーミングに伝えることである。巨額の予算が動く企業広告ではないため、これまで既存の大手広告代理店がほとんど手がけてこなかった分野だが、世の中の価値観が変わるにつれ、その存在感も徐々に高まっている。

たとえば、本書でも紹介した「大地を守る会」の「一〇〇万人のキャンドルナイト」の成功も、サステナのクリエイティブの力に負うところが大きい。

中田英寿さんやミスター・チルドレンの櫻井和寿さんらが、ホワイトバンドをはめて指をパチンと鳴らす「クリッキング・フィルム」が印象的な「ほっとけない世界のまずしさ」キャンペーンも、サステナの仕事である。

このキャンペーンの目的は、ホワイトバンドを売ることではない。ホワイトバンドをきっかけに、貧困問題に関心を持たなかった人たちに正しい情報を伝えて、啓発する。日本初ともいわれる、大規模な「アドボカシー・キャンペーン」だったのだ。

人々の心にメッセージを届けることで、社会への関心を呼び起こす。それが世論をつくり、政策を動かす――そんな草の根のムーブメントで、社会を変えていくことをめざしたのである。

いろんな意味で注目を集めたこのキャンペーンとは対照的に、従来のＮＧＯや行政の広告は「地味でぱっとしないもの」というイメージが強かったのではないか。

社会問題を訴えるのだから理屈っぽくなるのはあたりまえ、予算が少ないのだからクオリティーが低いのは仕方がないと、依頼する側も思い込んでいたフシがある。トップクラスのクリエイターの手を借りたくても、「報酬が高額で、手が届かない」と、あきらめていたケースもあるだろう。

「広告は特殊なもので、お金を持っている企業にしかつくれない、知り合いがいないと頼めない、というのは誤解です。広告を含めたコミュニケーションは、世の中に何かを訴えて法律を変えよう、社会のしくみを変えようと提案する人のために存在するんです」

そうマエキタさんは力説する。

クリエイティブの表現の力で、ＮＧＯの活動をサポートし、社会問題の解決を促すことが、マエキタさんとサステナの目標なのだ。

「『予算がない』は、私たちが仕事を断る理由にはならない。それははっきりしています。お金がないから智恵が出る。智恵と人脈でなんとか切り抜けられるんですよ。頭をひねることは必ず報われるし、ＮＧＯの広告の場合は、主旨に賛同すればタレントさんも高いギャラを要求しません。ホワイトバンドのときだって、みなさんボランティアでしたからね。たとえば大地を守る会の仕事をすることで、クリエイターも『自分は日本の農業を、大地を守っているんだ』という誇りを感じることができる。それに、何はなくても信頼関係がある。もし私たちが過労で倒れたら、『がんばれ！』ってお米を持ってきてくれるんじゃないかという……（笑）。そんな安心感があるから、採算を度外視して一所懸命に仕事をしているんですよ」

お金じゃなくて信頼。そして誇り。それがかけがえのない仕事の報酬になるのだ。

「ぬりえピースプラカード」広告に手応え

マエキタさんが、NGOと関わりを持つようになったきっかけは、長女の幼稚園の授業参観で、日本自然保護協会の常勤理事、横山隆一さんと知り合ったことだ。

横山さんは、長女と同じクラスの男の子のお父さん。お互いの仕事のことを話すうちに、「協会の会員数を拡大したい」との相談を受け、ロゴづくりなどのブランド構築や、入会案内のパンフレット制作をボランティアで手伝うようになったのだ。

幼い頃、台湾や香港で暮らし、中学・高校時代は親の住むオランダと日本を行き来していたマエキタさんは、市民活動やNGOに以前から関心を持っていた。

「『グリーンピース』や『アムネスティ』もオランダに本部があるんですよ。じつは入社当時から、会社でも『公共広告をやりたい』と言っていたんです。で、変わったヤツだと思われていました」

予算の限られた官公庁の仕事などつまらない、マエキタさんのような気鋭のクリエイターがやるべき仕事ではない、というのが、周囲の判断だったのだ。

実際にNGOの広告に取り組んでみると、案の定、そのおもしろさにはまった。

「勉強になるし、得るものも大きいんですよ。企業の広告では、途中で横槍が入ることも多いのですが、NGOの場合は、向かって行く目的を共有できれば、あとは悩まずに突っ走れる。方向性がブレないし、邪魔をする人もいない。みんなで盛りあがって気持ちよく仕事ができるので、満足感も高いんです」

サステナで手がけた仕事のなかでとりわけ印象的だったのが、グリーンピース・ジャパンの依頼でつくった「ぬりえピースプラカード」の新聞広告（〇三年）である。

世論調査では、アメリカのイラク攻撃に七割以上の人が反対しているのに、実際に平和デモに参加する人は五〇〇〇人しかいない。

「テレビの街頭インタビューで、おばさんがデモに参加しない理由を『だって誘われていないんだもの』と答えていた。そうか、ならばお誘いしよう、と思って考えたのが、この新聞広告なんです」

「NO WAR」という字が描かれたイラストがプラカードの下絵になっている。「これに色を塗って、平和デモに来てください」と、新聞の購読者八六〇万人に呼びかける、ユニークな反戦広告だ。

これが予想外の反響を呼び、デモの参加者は五万人に膨れ上がった。しかも、たくさんの人が、広告に色を塗った手製のプラカードを持参していたのである。

「『うちの子どもが塗ったんですよ』とか話しながら、みんなたのしそうに歩いている。社会は動くんだ！って思いました。帰りの電車で、隣に座った知らない女性から『あなた、今朝の朝刊見た？』と、話しかけられたのにも驚きました。『あれ、私がつくったんです』って言いそうになりましたね」

特に感激したのが、ある修道院のシスターたちのエピソードだという。

「寝たきりになっていた九三歳の修道長に、シスターたちがこの広告を持って行ったところ、『そうね、これなら塗れるわね』とベッドで色を塗ってくれたそうです。シスターたちは、そのプラカードを誇らしげに掲げてパレードに参加した。『私たちはビッグシスターとともに歩いているんです』と……。広告の仕事ってすごい！　やっててよかったと思いましたね」

〝二足わらじ〟大歓迎

サステナを立ち上げてから、依頼は増える一方。社会の反応も徐々によくなっており、「世の中に求められている」ことを実感している。

とはいえ、NGOや官公庁相手の仕事では、使える予算は限られている。それだけに、他社で働きながら、空いた時間にサステナを手伝ってくれるスタッフの存在はありがたい。サステナでは、「二足のわらじをはく」彼らを〝二足わらじ〟と呼んでおり、現在は、六人のフルタイム・スタッフのほか、学生インターンも含め、一〇人前後の〝二足わらじ〟が事務所に出入りしているという。

前章で紹介したオプトの山口さんも、そのひとり。以前から空いた時間があればサステナに顔を出し、ウェブ・プロデューサーとして、ホワイトバンド・キャンペーンのウェブサイト構築などを担当していたのだ。

サステナの活動に専念するまでは、ほかでもないマエキタさん自身が〝二足わらじ〟の状態だったのだ。二人の子どもを持つ母親でもあり、兼業時代の多忙さは容易に想像がつく。

「会社を辞めて、睡眠時間は少し増えたかな。いまにも倒れそうだったので、人間の体としての持続可能性は高まった（笑）。自分の人生に、どうためになるのかわからないことにつき合わされる時間が減って、白髪も減りました」と笑う。

「おもしろかったのは『辞めちゃって大丈夫？』と心配してくれる人がいたこと。非営利の活動をするということは、『お金持ちになることを放棄する』と公に宣言したようなもの。だから、よくそういう世界に飛び込めたねと。そう言われて、『あぁ、世間はまだそんな感覚なんだ』と、ちょっと驚きました」


〇八年からは東京外国語大学や上智大学などで、平和構築のための情報コミュニケーション（ピース・アド）の講座も持つ。東ティモールやアフガニスタンでの武装解除に成功した「紛争解決請負人」、伊勢崎賢治さん（東京外国語大学大学院教授、平和構築・紛争予防講座担当）とのコラボレーション「ＨＩＫＥＳＨＩプロジェクト」も注目だ。紛争予防に広告がどんな効果をもたらすのか。学問としても、実践としても、興味深い。

その生き生きとした表情を見ていると、彼女がこの仕事を心からたのしんでいることは、疑う余地がない。

「私の場合、仕事をすることも、自分にエネルギーをチャージするための、一種の娯楽なんですよ。仕事も遊びも、もはや区別がつかない。ひとりだけいい目を見てもしょうがないし、みんなで気持ちよく遊ぶとなると、どうしても仕事の形になってしまうんです」

どうやらマエキタさんも「ライフ」と「ワーク」が融合した、ハイブリッド型の働き方、生き方をしているようだ。

報酬は少なくても

時代がマエキタさんを呼んでいるらしく、どんどん飛び込んで来る仕事の依頼に応え切れないことが悩みだという。

「突き上げてくるような時代のうねりを感じます。遅いよ、早く来いよ、って呼ばれている気がする。呼ばれたら行くしかないんだけど、足がついていかなくて……」

手分けして対応するためにも、志を同じくするクリエイティブ・エージェンシーが、あちこちで増えてゆくことを願っている。

似たような活動が広がっても、中心で太陽のように輝くのは「サステナ」であることに変わりはない。その光にひき寄せられるように、マエキタさんを慕って、若いクリエイターたちが集まってくる。

「ここが若くて才能ある人たちのクリエイティブ・サンクチュアリーになればいい。企業の広告をやらないと食べていけないと思っている人が多いけど、必ずしもそうではありません。ＮＧＯの抱える課題をシェアすることで、世界の動き、〝時代の風〟をタイムリーに知ることができるので、報酬は少なくてもクリエイターにとってメリットは大きい。お金がたくさんなくても幸せになる道があることを、若い人に知ってほしいですね」

全員が対等に思ったことを言い合える、フラットな組織づくりにも腐心している。みんなが気持ちよく働ける場が理想だ。

「誰が誰よりエラい、誰のとり分が多いなどと言っていると、関係がギスギスして、作品のクオリティーが落ちる。雑念を払い、自然を保護する、貧困をなくすといった目的だけに集中すれば、人間の脳みそは威力を発揮するんです」

持ち込まれるテーマは生物多様性、北方領土問題、拉致問題などと幅広い。

何が日本の課題なのか。複雑な問題をわかりやすく解きほぐし、国民に情報をしっかり届ける。そして活発な議論を促すことが目的だ。

言論の自由が保障された民主主義国家のはずなのに、この国では健全なコミュニケーションが崩壊しつつあると、マエキタさんは感じている。

「コミュニケーションは双方向のものだから、強行採決ではなく、お互いに多様性を認めて、議論を尽くすべき。私が生きているうちにそんな社会が実現してほしい。そのために私は『伝える』という部分で貢献したいと思っています」

みんなが自由に意見を語り、問題解決のために、ひとりひとりが自分にできることを実践する。そんなことが〝あたりまえ〟になる社会、つまりは「ひとりひとりがチェンジメーカーになる」社会の実現をめざす。マエキタさん流の壮大な世直しプロジェクトである。

「おもしろいですよ。日本がどういう国で、私たちは何をやるべきか、希望がどこにあるのか……長い間〝謎〟だったことが、この仕事を通じて、少しずつわかるようになってきた。でも、本来は政治家がやるべきこと。政治も市民も、そしてメディアも、立て直さなきゃいけませんね」

◆

「生きることの達人は、仕事と遊びの区別をつけない」

これからの時代の働き方の極意のような老子の金言を第1章で紹介したが、マエキタさんもまったく同じことを語っている。

「仕事も遊びも、もはや区別がつかない」

「仕事も自分にエネルギーをチャージするための一種の娯楽」

そう言い切れるとは、あっぱれである。

「遊び」や「娯楽」なのだから、おもしろいし、たのしいに決まっている。しかも、その「遊び」とは、みんなのためになること、世の中をよくするためのものなのだ。

本書で探してきた「幸せな働き方」に対するひとつの答えがここにある。

娯楽だと思えるほど「おもしろい仕事」は、自分でつくっていくしかない。

仕事をおもしろくするのは、あなた次第。自分に正直になって一歩を踏み出せば、人生は、より充実した、輝きに満ちたものになるはずだ。

おわりに

私が出会った二一の物語を紹介しながら、幸せな働き方について考えてきた。

あなたの心に響く物語はあっただろうか。


私たちはいま、大きな不安のなかに生きている。

朝日新聞社が、二〇一〇年春に行った調査によると、九五％の人が「これからの日本に不安を感じている」と回答したという（「日本のいまとこれから」調査、二〇一〇年六月発表）。

二位の座を中国に譲っても、日本は依然として世界第三位の経済大国であり、世界に誇れる治安の良さを保っている。教育や医療のレベルも総じて高い。にもかかわらず、将来に対する漠然とした不安を、私たちは拭い去ることができないのだ。

年金問題やリストラ懸念などの生活不安。〝敗者復活〟のセカンドチャンスが与えられない社会の閉塞感。女性の活用も思うように進まず、フリーエージェントのような多様な働き方も広がっていない。

物質的には恵まれていても、心理的に満たされていないのも事実だ。先の調査で七割以上の人が、「日本人は、精神的に豊かな生活を送れているとは思わない」と答えたことが、それを端的に示している。

では、「精神的に豊かな生活」とは、どんなものか。

本書でも繰り返したように、成熟社会における人生の豊かさは、やりがいのある仕事と不可分だと思う。

お金を稼ぐ手段として働くだけでなく、いろんな意味で「仕事をたのしむ」こと。情熱を注ぐに値すると信じるものに打ち込んで、充実した時間をすごすこと。それが日々の生活に感動や輝きをもたらすことはまちがいない。

要となるのが、「人や社会とのつながり」ではないか。

時代は、「競争」から「共感」「協働」へとシフトしている。

たとえば、こんな実話が話題になっているのをご存じだろうか。

ニューヨークの大手広告会社の副社長まで昇りつめた男性が、職や家族を失って人生のどん底を味わうが、スターバックスの従業員になってはじめて、以前は感じたことのなかった「働くよろこび」を知る――。

まるで映画のような出来すぎた話だし、実際に映画化も決まっているらしい（翻訳版は『ラテに感謝！　転落エリートの私を救った世界最高の仕事』）。

だが、注目すべきは、彼の人生を救ったのが、同僚との関係や顧客の笑顔だということ。スターバックスが世界最高の職場なのではなく、「ほんとうに大切なもの」に気づいたから、「働く幸せ」をつかむことができたのだ。

ひたすら「競争」を煽ってきたアメリカでも、こういう話が感動と共感を呼んでいることに、変化の兆しを感じる。

成果主義のもとに競い合うのではなく、人と人との絆や信頼を大事にして、他者の幸せのために仕事をする。

本書に登場する先達たちのように、そんな「気持ちのいい働き方」ができれば、〝人生の幸福〟という宝物に一歩近づくことができるはず。

どうやら人間という生きものは、自分のためではなく、人のために働くことで持てる能力を最大限に発揮できるらしい。

それは自分自身の働き方にもあてはまる。

最後に、私自身の仕事について、少しふれたいと思う。

企業経営者であれ、社会起業家であれ、私はこれまで、さまざまな分野のチェンジメーカーを紹介することにこだわってきた。彼らの取り組みを広く知らしめることで、ささやかでも、その活動をあと押ししたいと考えているからだ。

原点は、アメリカでの経験にある。

私がニューヨークに住んでいたとき、全米を揺るがした「O・J・シンプソン事件」が起こった。元フットボールのスター選手が前妻を殺害した罪に問われたこの事件によって、アメリカでもあまり知られていなかったドメスティック・バイオレンス（DV・配偶者やパートナーへの虐待）の深刻さが、広く認知されるようになったのだ。

私も、被害の普遍性、社会に与える影響の大きさに目を開かされたひとりである。

同じ頃、日本に住む親友がDVの被害者だと知った。だが、当時の日本には「ドメスティック・バイオレンス」という概念さえ存在していない。虐待する側に加害者意識がないばかりか、被害者のほうも「夫の暴力は犯罪だ」とはまったく考えていなかったのだ。

DVの深刻さを日本の人にも伝えよう。それが報道に携わる者の使命じゃないか。

問題意識に目覚め、そう決心したが、行く手には予想以上の苦難が待ち受けていたのだ。

まず取りあげてくれるメディアがない。取材自体が非常に難しいうえ、被害者の話を聞くだけで二次被害のような精神的ダメージを受ける。子どもの虐待との関連、暴力の世代間連鎖など、問題の核心を知れば知るほど、その根深さと複雑さに打ちのめされたのである。

「発表する媒体がないなら意味がない。私の手に負える問題じゃない……こんなつらい取材、もうやめよう」

己の無力さを思い知らされ、匙《さじ》を投げたくなったことも幾度かある。

そんなとき、DVの根絶に取り組むアメリカの女性たちが勇気をくれたのだ。

「『日本のメディアは関心を持ってくれない』ですって？　アメリカでもそうだったわ。でも、あなたは気づいたんでしょ。じゃあ、あなたがやればいい。気づいた人がはじめればいいのよ。気持ちはわかるけど、絶対にあきらめちゃダメ。不可能なことなんてない。この暴力がなくなる日まで、いっしょに進んでいきましょう！」

「気づいた人がやればいい」。これこそがチェンジメーカーの発想である。

彼女たちの前向きさに励まされ、メディアを説得し続けるうちに、記事を載せてくれる媒体も少しずつ増えた。単行本を出す度にインタビューや講演の依頼が相次ぎ、手応えを実感したのである。

その頃、講演を頼まれると、最後にこう締めくくったものだ。

「この犯罪をなくすために、みなさんにもできることがあります。私がお話ししたことを、ぜひ一〇人の人に伝えてください。その一〇人の人が、また誰かに伝えることで、正しい情報がどんどん伝わっていく。池に投げた小石の波紋がどんどん広がるように、それが社会を変える力になる。私はそう信じています」

取材をはじめてから七年後の〇一年、ついに日本にも「DV防止法」ができた。DVは犯罪だと認められたことで、被害者が堂々と助けを求められるようになったのだ。

その後、流行語になるほど認知は広がったが、残念ながら、犯罪が減ったとは言いがたい。しかし、確かに社会は動いたのである。

「法律ができたのは、あなたの記事のおかげです」。被害者支援の先頭に立つ人から、そんなありがたい言葉ももらったが、私の役割なんて微々たるもの。

でも、私なりのやり方で手助けすることはできたと思っている。

「なぜ、そんなにがんばれるんですか?」と問われることも多い。

正直なところ、もの書きとしてお金を稼ぐだけなら、旬の経営者や有名人を追いかけたほうが需要は大きい。チェンジメーカーが取り組む社会問題は、大手メディアから見れば〝地味なテーマ〟であり、苦労が報われるとは限らないからだ。

だが、「メディアの力で社会を変える」ことは、私がニューヨーク大学の大学院で学んだことでもある。志を貫く強さを、体験を重ねるうちにいつしか通じて身につけていたし、取材対象であるチェンジメーカーのみなさんからも、日々、力をもらっている。

社会を変えようとする人たちの思いや取り組んでいる問題の本質を、ひとりでも多くの人に伝えること——それが私なりの社会への貢献のあり方だと考えている。

本書も、その延長線上に生まれたもの。

不安が私たちを覆う混迷の時代に、誰かのために働く人のひたむきな姿を伝えること、その生き方から「働く幸せ」について考えることは、社会的な意義があるはずだ。

会社に忠誠を尽くせば、安定した人生が約束された時代は去った。

あなたの信用をつくるのは、会社の名刺ではない。これからは勤務先の社名や肩書きに寄りかかるのではなく、個人としての生き方、働き方を見つめ直すべき。

自分自身の価値観を変えられるかどうかが、いま問われているのだ。

二一人のチェンジメーカーの物語は、誰かが決めた〝常識〟、自分を縛っている仮定や思い込みを捨てることが、幸福への近道だと教えてくれる。取材に協力してくださった方々に、改めてお礼を申し上げたい。

仕事のやりがい。人の役に立ち、社会に貢献しているという充実感。ともに働く仲間とのつながり。仕事を通じて成長できたという達成感。

そんな無形の〝報酬〟こそが、明日を生きる希望やエネルギーとなり、私たちを幸せにするのではないか。

もちろん、幸せな働き方に〝正解〟はない。

本書も、幸せな働き方を教える教科書ではなく、仕事で幸せになりたい人に贈る参考書にすぎない。答えを見つけるのは、あくまであなた自身なのだ。

だが、もしこの本が少しでも役に立てば、これほどうれしいことはない。

それが、私や本書に携わってくださったすべての人を幸せにする。

メリー・ゴー・ラウンド。あなたから私へ、ＭＥＲＲＹは巡る。

「働く幸せ」をもたらしてくれるあなたに、心からの感謝を込めて。

二〇一〇年六月

梶山寿子

写真提供

29ページ：豊岡市コウノトリ共生課
61ページ：株式会社水谷事務所
113ページ：柏崎市高柳町事務所地域振興課
79、95ページ：著者

〈著者略歴〉
梶山寿子（かじやま すみこ）
ノンフィクション作家。放送作家。神戸大学文学部卒業。テレビ局制作部勤務を経て、ニューヨーク大学大学院で修士号を取得。新聞記者を経てフリーに。8年余の滞米の後、帰国。ドメスティックバイオレンスの啓発に取り組み、『女を殴る男たち DVは犯罪である』（文藝春秋）、『家族が壊れてゆく』（中央公論新社）、『子どもをいじめるな』（文春新書）などを上梓。近年はビジネス分野でも活躍し、経営や人材育成、キャリアマネジメント関連の記事を企画、執筆。コンテンツ業界のプロデューサーや経営者、社会起業家など、幅広いジャンルのイノベーターの人物ノンフィクションも手がけている。その他、講演や、テレビ番組の企画・構成、コメンテーターとしても活動中。主著に『ジブリマジック』（講談社）、『トップ・プロデューサーの仕事術』（日経ビジネス人文庫）、『スクール・アーティスト』（文藝春秋）、『雑草魂 アニメビジネスを変えた男』（日経BP社）。

仕事と人生を楽しむために必要なこと
チェンジメーカー21人に学ぶ「幸福な働き方」

2010年8月3日　第1版第1刷発行

●著　者――――梶山寿子
●発行者――――安藤　卓
●発行所――――株式会社PHPエディターズ・グループ
〒102-0082　東京都千代田区一番町16
☎03-3237-0651
http://www.peg.co.jp/

●発売元――――株式会社PHP研究所
東京本部　〒102-8331　東京都千代田区一番町21
普及一部　☎03-3239-6233
京都本部　〒601-8411　京都市南区西九条北ノ内町11
PHP INTERFACE　http://www.php.co.jp/

●印刷所
●製本所――――図書印刷株式会社

ISBN978-4-569-77940-9